食人有錯？

法律大案如何影響世界

阿倫·C·哈欽森（Allan C. Hutchinson） 著

劉欣 譯

商務印書館

Is Eating People Wrong? Great Legal Cases and How They Shaped the World

©2011 Allan C. Hutchinson

Originally published in the UK by Cambridge University Press

Traditional Chinese edition copyright:

©2015 The Commercial Press (H.K.) Ltd.

本書譯文由中國政法大學出版社授權繁體字版使用。

食人有錯？—— 法律大案如何影響世界

作　　者：阿倫・C・哈欽森 (Allan C. Hutchinson)

譯　　者：劉　欣

責任編輯：張宇程

封面設計：楊愛文

出　　版：商務印書館 (香港) 有限公司
　　　　　香港筲箕灣耀興道 3 號東滙廣場 8 樓
　　　　　http://www.commercialpress.com.hk

發　　行：香港聯合書刊物流有限公司
　　　　　香港新界大埔汀麗路 36 號中華商務印刷大廈 3 字樓

印　　刷：美雅印刷製本有限公司
　　　　　九龍官塘榮業街 6 號海濱工業大廈 4 樓 A 室

版　　次：2015 年 1 月第 1 版第 1 次印刷
　　　　　© 2015 商務印書館 (香港) 有限公司
　　　　　ISBN 978 962 07 6535 3
　　　　　Printed in Hong Kong

本書獻給

世界各地的狐狸、蝸牛，和訴訟當事人

新穎總比重複好。

—— 艾略特 (T. S. Eliot)

目錄

序

　　香港自殖民地管治時期開始，便實施傳承自英國的普通法（Common Law），直至回歸後根據《基本法》規定，香港法院仍使用普通法判案，更可參考其他普通法適用地區的司法判例。

　　與大陸法（Civil Law）擁有一套完整及有系統的成文法典（Code）不同，普通法法制中的成文法通常只會就個別的法律議題訂出規範，而主要的法律內容與原則，乃是根據"遵循先例"的規範由法院的判例累積而成。判例可以是對成文法的條文作出解釋，也可以是對之前的判例所引用或衍生的法律原則作出闡釋、演繹、進一步發展，甚至創造性地改良，以能在持續變動的社會環境中合適地解決實際糾紛。

　　普通法在長久的歷史中就是這樣由不同案例建立起來，一般人要從多如繁星又看似雜亂無章的判例中，去理解普通法的內容與原則自然會感到吃力。本書作者哈欽森是加拿大法律學者，他精選出八宗在茫茫法理學天際中好像恆星般偉大的案件，以引人入勝的筆觸描繪，讓讀者在高深莫測的神秘面紗背後，看出普通法世界所遵循的軌跡，並它回應新挑戰和新環境的力量。

　　本書精選的偉大判例是由英國、美國、加拿大和澳洲這些普通法翹楚大國的最高級法院作出的，由不幸遇上海難的船員選擇殺害同伴並以其肉延續性命這宗食人案開始，探討應否容許為保存多數人性命為由而殺害他人這個富爭議性的法律與道德問題。作者繼而透過其他案件探討政府濫權違規，迫害異見者所帶出的法治原則；因爭奪獵物所引發的財產所有權爭論；因挑戰種族分校政策所帶出的憲法詮釋與歧視觀念；因喝了有蝸牛屍體的薑啤而病倒所衍生的愛鄰舍與疏忽侵權法律的關係；因原住民土地權利訴訟所帶出的政治和法律的互動關係；因延遲送遞機軸令磨坊停工所帶出的合約法就違約損害賠償的界限；因強姦犯在未被警員告知權利下如實招認罪行而看出法院怎樣努力化解有效執法、警惡懲奸與保障人權之間的緊張關係。

　　作者不但清楚地解說這些偉大法律案件的基本事實與爭議及判決原則與結果，更以生花妙筆描繪故事背景、涉案當事人、法官及律師的相關有趣資料。與大多數戲劇作品一樣，了解幕後情況與弄清台前事實同樣重要。這些相關背景與人物的互動，不但加強了本書的趣味性，亦讓讀者能更深刻地體會到普通法的發展是一種有機而實用的社會實踐。

　　本書能夠讓沒有法律背景訓練的大眾讀者都可以了解普通法的特性及其發展歷史，揭示出在富有爭議的事情上，法律與政策之間如何保持着親密互動的關係，實在是推廣法律理念一本不可多得的參考著作。

張達明

香港大學法律學院首席講師

暨臨床法律教育課程總監

前　言

　　從某些方面來看，我早已開始醞釀本書的主旨。在課堂上，在寫作中，我總是盡力嘗試特別指明，法律不是一門科學，甚至不是一套知識系統。反而我一直強調，法律的產生及其發生作用的歷史背景，是不斷攪和個性、處境與權術的環境。然而，為法律圈之外的人撰寫一本討論普通法及其偉大案件的書，最直接的動因始於 2008 年。當時我受荷美郵輪（Holland American）的邀請，在其中一條航線上發表一系列演講。我感到這是一次實現想法的大好機會。即使我只是對自己這樣說，但結果卻大獲成功：人們似乎的確被這些故事吸引，並認為這是一種認識嚴密而難明的法律學術世界的巧妙方式。我非常感謝邀請我演講的卡洛琳・克雷格（Carolyn Craig），也感謝所有認為值得放棄從陽光與海景所帶來更明顯的愉悅而來聽我演講的聽眾。

　　在研究及撰寫本書時，我閱讀了多年來探討這些偉大案件的各種著作，並大量採信其中精巧的主體部分。在原始研究和基礎研究方面，我的貢獻甚微。為了表示感謝，我已在書末盡量列出這些資源。同樣，儘管我並沒有謹遵那條古老格言："不要因糾結於事實而損害一個精彩故事"，但是我在出現不確定或令人懷疑之處，仍冒昧選取了對現有歷史證據中最精彩或最可信的一些解釋。

　　與往常一樣，許多人在我完成本書的過程中也扮演着重要角色。我從一大羣通常是友好的評論家和同事那裏獲益匪淺，他們與我分享時間和洞見。當中我特別感謝布魯斯·曼（Bruce Mann）、德里克·摩根（Derek Morgan）、貝芙麗·邁哈爾（Beverly Myhal）、瑪里琳·皮爾金頓（Marilyn Pilkington）、布魯斯·賴德（Bruce Ryder）、喬·辛格（Joe Singer）、馬克·圖什內特（Mark Tushnet）和凱文·沃什伯恩（Kevin Washburn），他們閱讀了本書章節的初稿，幫助我避免了許多不該出現的驚人錯誤與疏忽。然而，我最感謝的，還是我的兩位研究助理：辛西婭·希爾（Cynthia Hill）和蒂芙妮·赫伯特—拉姆蘇比克（Tiffany Herbert-Ramsubick），她們將所有資源和研究整合起來，工作卓越；她們促使本書的寫作過程變得輕鬆，成為一件令人極為享受的工作。同時，也非常感謝伊恩·朗格盧瓦（Ian Langlois），是他那富有個性的嚴謹與真知灼見，使本書得以成為一本枕邊讀物。

阿倫·C·哈欽森

2010 年 2 月

第 *1* 章

歌頌偉大案件

那些意義深遠、影響惡劣及難能可貴的案件

在許多人眼中，法律像一片令人難以進入的叢林，其中包含了各種規則與原則。人們覺得，法律的由來含混不清，需要懷着既猜疑又敬重的心情觀察法律人員，而即使從最樂觀的角度看，也難以領悟法律如何在特殊情況下運用。這其中的許多困惑都十分常見，不乏事實佐證。法律應盡量開放，以便拿來使用，但律師鮮會在這方面耗費精力。事實上，部分律師似乎刻意把法律變得盡量晦澀和圓滑。因此，毫無疑問，在與法律相遇或者嘗試理解法律的複雜狀況時，人們會產生與艾爾弗雷德·丁尼生勳爵（Alfred Lord Tennyson）一樣的挫敗感：看上去"我們的法律是一門毫無章法（lawless）的科學 —— 那裏有無數散置的先例，那裏有大片雜生的事件"。在好奇的公民眼中，法律是一座毫無魅力的宏偉建築。

沒錯，人們在理解法律時會感到吃力。然而，在其專業性和時常表現得高深莫測的神秘面紗背後，法律與人類活動的其他領域一樣，令人感到鼓舞和振奮。畢竟，在大多數情況下，法律只不過提供了一個場所，人們在其中嘗試與他人解決問題、化解衝突。儘管法律過程中使用的語言令人不快，而且法律程序發生在欠缺人情味的制度背景之下，但是它着實是社會生活中精彩紛呈的一個方面。作為社會運轉的一種重要方式，法律獻上一幅具有啟發意義的圖景。所有這些特點在普通法及其偉大案件中尤其表現得淋漓盡致。

　　本書將注意力集中在普通法歷史中出現的一些偉大案件上，這些案件與辛普森（O. J. Simpson）案、保羅・伯納多（Paul Bernardo）案等受到媒體追捧的大案不同。雖然普通法深刻影響着人們的生活，但是人們卻缺乏對普通法如何形成、如何運作等方面的知識。本書重點介紹了一些律師翻查，而法學院學生必讀的真實案件。從這個意義上來看，本書粗略地為讀者呈現了律師與法律學生所處貌似晦澀不明的世界的一斑。

　　通過對普通法中偉大案件的考察，我盡量避免把普通法描述得與現實格格不入 —— 那個世界的人們説着一套令人費解的行內術語、參與各種神秘的儀式，並在他們之間的所有通信中都附上小字印製的附屬細則。相反，我要表明普通法實際上是一種如此鮮活而富有生氣的街頭（down-the-street）經驗。我們所有人都能去那個地方度假，回來時煥然一新、生機勃勃。我將要考察普羅大眾的一些故事，而與許多曾經作出重要貢獻的人物與組織（包括律師、法官和法院）一樣，他們的故事曾影響普通法的發展方向，也曾指引普通法的發展進程。

　　但在介紹我揀選的八宗案件之前，我還是要向讀者大致説明一下普通法的含義以及 "偉大案件" 的指涉。這樣做能為讀者提供背景知識，以更能理解案件本身及其重要意義。在明確了普通法的含義之後，讀者便可更容易地領會這些偉大案件之所以意義深遠的箇中緣由。其中大部分案件發生在十九世紀，並來自世界其他地方。但是在法律世界中，它們實質上是法律思考的基石，仍然具有深遠的影響力。

普通法的含義

普通法這個詞，常常被用來指那些隨着時間推移逐漸累積形成的大量法院判決；法官們援引先前判決，以裁決眼下糾紛，並為未來的爭端訂立規則。英格蘭自十一世紀開始，就有一些習慣規則被稱為普通法，這是巡遊法官（itinerant judges）為解決國家各地糾紛而精煉出的一套"共有"法律。這段司法的歷史並沒有對法律提供明晰的解釋，也沒有提出清晰的法律適用方式 —— 習慣規則本身就是法律；法官作出的判決理由就被當成是法律。從這種意義上看，雖然直到現在那些法庭判決仍被廣泛地轉述記錄，但普通法通常被看成是不成文法。它從未被集錄或涵括在任何一部權威法典中。

除了從更為正式的法律淵源汲取能量外，法律也離不開慣例和社區行為的規範。法律不只是一種自上而下進行的事業，它更像是一種自下而上推動的實踐。雖然像慣例等傳統法律的淵源已不如以往那樣重要，但是普通法中的大量蛛絲馬跡都可追溯到商業慣例或管理習慣（例如，*caveat emptor*，即買方責任自負）。其效力與實效的形成都是獨立於法庭之外的。直到晚些時候，它們在法官解決糾紛的過程中才得到官方認可。只有那些持續存在、確定、合理、被遵守的習俗，才會被人們所接受，也才具有法律權威。因此，普通法方法正是上述過程和傾向的結晶。

要充分理解普通法，最好是將其與制定法（legistration）進行比較。制定法是由議會、省級、州級立法機關或市政廳所制定的法律。無論是以成文制定法的形式表現出來，或是包含在委託立法（delegated regulations）之內，這些正式文本（instruments）明確規定，法院必須解釋並遵循某些規則與原則。在立法至上原則（doctrine of legislative supremacy）的指引下，制定法優於普通法。當制定法與普通法發生衝突時，人們應當優先適用制定法。然而，普通法自身擁有的那套歷史譜系說明，法官立法構成了實施與解釋制定法的背景細節。

普通法是創制法律的一種實踐，這種描述意義重大，就像根據普通法產生的法院判決主體部分一樣。人們理解普通法，最好就是把它看作一種創制法律的思維定式和一種技術性的習慣做法；律師已將利用先前做法指導未來行為這種自然傾向，轉換成一種制度上的責任。根據遵循先例原則（doctrine of *stare decisis*），普通法方法堅決認為，在未來作出裁判的人不僅應尊重先前判決，而且必須有約束地承襲、引用這些判決。這種處理方式能夠得到保障，是因為它授予公民一種必要的核驗憑據（check），從而避免在裁判過程中出現濫用司法權力的情況。

　　人們不能低估先例作為法律依據的傳統優勢（即是，遵循先例產生明確結果，容許彼此信任，防止武斷行為，實現法律平等，鼓勵提升效率）。但是，訴諸法律既往的努力，不必僅僅依靠某些特定判決，或是機械地適用判決。法官們從過去的案件中精煉出原則精神，然後以此為基礎，制定出適應後來新需求的判決，推進法律發展，這樣作出的裁判才是最佳的裁判。正如二十世紀末英國貴族大法官萊斯利・斯卡曼（Lord Leslie Scarman）所言，"不論法院怎樣裁判，都要從既有規則的底線出發，找到一種與被認可的某項或幾項原則相一致或相類似的解決方案。"

　　然而，與多數情況相同，事物總是內外有別；理論上討論的理應如何或預計是怎樣，並不總與真實情況相稱。法院在瞬息萬變的世界裏應對挑戰，已經巧妙地控制了先例制度的操作，以平衡社會對於發展與穩定的需求：法院不可以為了形式上的確定性而犧牲實質正義。法官們大權在握，可以用創意改良法律、實施法律，不必成為兜售通俗迷思（popular myth）的自動售賣機。他們握有避開或區分先例的大量技術手段。因此，雖然是在制度保守主義的官方文化之中操作，但是所有法官和法學家不單承認法律的確應當根據新環境和新挑戰作出回應並進行改變，他們與此同時也稱讚並力挺法律的應對能力。

　　要了解普通法的發展進程，其中一個最好的方法，是把現有的法院判決主體部分當作一種接連不斷、無序擴延、持續更新的實踐產物。在具體辦案時，法官在出具判決理由時，就好像被要求大量閱讀此前寫下的判決章節一樣，而他們也有責任貢獻自己的章節，通過這種重要途徑來延續普通法的故事。雖然這個過程對法官的行為設定了某些限制條件，但是同樣也為他們留下了相當大的餘地，容許他們與創作型作家一樣，解釋過去並補充一點屬於自己的迂迴轉折。因此，普通法在以自由裁量為始，並以遵循先例為終所漸次展開的鬥爭中浮出水面。

只有通過上述方式，人們才能像理解人類其他任何發展的進程一樣洞悉普通法的傳統 —— 從某種角度看，普通法傳統離不開律師的行動，它也是律師行動的產物。普通法是一項富有活力而忙碌的活動，其中，法官處理規則的方式，跟規則的最終內涵與實際的判決結果同樣重要。因此，大體上說，普通法的特徵是由法官在工作中使用的職業技藝塑造而成的；法官們是最高級別的社會建築師。這並不是要把常見的執業活動或裁判活動降格為純粹的熟練技藝，畢竟在實踐行為準則時，那些將洞察力、想像力以及技巧與嚴謹融通的人，才是首屈一指的工匠。法官所創造的東西與其創造方式同樣重要。

因此，與其把普通法看作法律與規則中固定不變的核心部分，不如將其當成一種具有生命力的傳統解決糾紛手段。由於法律是社會性的實踐，而社會是持續的變動，法律因而永遠是一種有機而實用的社會實踐，而從來不是圓滿或完稿的文翰；它只會在產生它的社會環境和人類社會範圍之內活動，不會越雷池半步。簡而言之，普通法是一部未完成的作品 —— 轉瞬即逝、持續變化、雜亂無章、產出豐富、引人入勝、由簡入繁。普通法永遠是動態的，從未到達終點，它始終在途中，從未處於任何特定地點，它也很少會超出其組成部分的總和，且常常比其組成部分的總和還要少。

偉大案件的界定

偉大案件最能體現普通法發展過程中所遇到的困惑，沒有其他象徵能出其右。幾乎所有律師都將這些案件當作普通法傳統中的指路明燈。雖然質疑其精確意義與影響的聲音此起彼伏，但任何可信的普通法版本還是要從這些判決中捕捉靈感，還是要依賴這些判決構思法庭意見。如果有關普通法的說明沒有談及這些偉大案件，那麼這些說明一定並不完整，也缺乏說服力。一般認為，偉大案件展示着普通法中令人印象深刻的實用力量，因為它們可以用於應對新挑戰和新環境。這些案件超出了許多人願意承認的情況，證明普通法更接近於一個政治、難以駕馭、開放自由的進程。

這些案件之所以被指定為偉大案件，僅僅是由於人們贊同這樣的做法。誠然，某些羣體（如上訴法官）在裁判過程中具有異於其他羣體的龐大影響力，但除非能夠從一般意義上贏得大多數挑剔的法律羣體的支持，否則法院判決還是不能具備偉大屬性。具體案件本身並不具備自明或內在的偉大特徵，以確保它們可以進入法理學的名人堂。在另外的時間和背景下，具有偉大屬性的案件可能只是包含不應這樣或本應那樣（例如種族隔離制度和虐待行為）等法律規定的平實事件，或者只是更為慣常、更具啟發意義的典範而已。偉大案件之所以具有這樣的地位，不僅因為案件切合偉大的通用標準，還源自案件得到公眾的贊同。用另外一種方式表達，偉大的品質是案件爭辯的組成部分，而不是外在的約束。

　　如前所述，在律師中間，似乎確實存在一種共識，認為偉大案件是指那些隨着歲月流逝已得到充分而廣泛認可、展現法律準則核心意義的案件。法律在未來取得的任何進步，除了必須與偉大案件的內在理念契合之外，這種內在理念也必須能夠指引方向，能夠指明未來發展必須遵循的軌跡。一些人將偉大案件比作“法律世界茫茫荒野中的地標”或“法理學天穹中的恆星”，這些比喻表明，偉大案件是為迷茫旅行者預備好的智慧羅盤，指引着漫遊在法律世界中的人該在何處拐彎、應往何處去。然而，還有一種傾向，認為在對待偉大案件時，理應採取比現實更持久、更確定的態度；但是，恆星亦會隨着時間推移而爆炸消失，而且其固定性（fixity）總是與位置相對。偉大案件的地位並非天然生成，也非人為既定；識別其地位的過程不是創造，更像是發現。偉大案件既標示律師反覆無常、迷失方向的特點，又提醒法律羣體要信奉普通法的傳統與方法。

跟那些將偉大案件比喻為位置固定的恆星或地標等觀點不同，我認為更恰當的比喻是將它們看作臨時搭建的燈塔。這種比喻表明，偉大案件是由法官們利用手邊材料，在其有限的職業生涯內，為實現心中特定目的而謀劃出來的。隨着社會發展，如果人們不再需要這些謀劃，或者人們的需求發生了其他變化，就會設計出更有用的策略取而代之。法律中包含的偉大屬性與社會聲望一樣，要依賴於匆匆流過的社會趨勢和變動不居的社會環境。一旦支撐案件的價值觀念不再得到充分贊同，或者熟悉的環境已經發生實質性轉變，偉大案件就將被棄置一旁，被看作是含有錯誤、誤解和反常因素的垃圾建議。聽眾決定着今日的恆星會是昨日的嚮往還是明日的黃花。

儘管判決的文體或文學水平能夠把案件確立成為偉大案件，但這種幫助本身並不具決定性。成就偉大案件的元素是其恰切的修辭以及在政治上的可接受度。偉大案件之所以偉大，在於其實質訴求，而不在於表現形式。只有判決結果和判決內容能在聽眾之間形成共鳴時，才能確定案件的命運及其未來所具備的意義。偉大案件的權威必須從摻雜法律觀念和大眾觀念的沙龍與聊天室中發掘出來。一旦那裏的觀念發生轉變，案件的權威便會隨之受到影響。

偉大案件只具有與政治價值觀和道德價值觀相同的權威，而且不會超出這些價值觀所能容忍的適當範圍。

只有將偉大案件置於普通法的核心位置，才能對普通法有不同的理解。與其將普通法看作枯燥乏味的官方行為準則，不如將它當成一場喧鬧的、聽憑直覺的行動來理解。當然，這並不會影響對法律的評價。與其他所有人類事業一樣，普通法以其慣有品格與特性呈現出一幅社會生活縮影。它略有瑕疵但同樣十分有用，它引人入勝但同樣惹人煩惱，它經過雕琢但同樣有所欠缺，它存有偏見但同樣達致平衡。如果說它並非如此，那才叫人詫異。

從偉大案件體現普通法屬性

通過精選出的這八宗偉大案件，我希望證明普通法是種雜亂無章、結構鬆散及富實驗性的努力，以回應並適應社會出現的各種可能發生的需求。如果說存在一種能夠約束普通法欠缺章法的方法，那麼只能在法院順應變動不居的環境、回應層出不窮的需求的嘗試中找到。正如自身屬性所示，普通法（與為了解釋和理解它而付出的所有努力一樣）是在逆境中漫無目的地運用人類的判斷力來尋求希望；普通法包含着某種實驗性、隨意性、任何事都可能發生的含義。律師、法官和法學教授們作出的任何超出上述判斷的描述，都是在作繭自縛。普通法更具嘗試性而非目的性，更具創造性而非完備性，更為虛構化而非公式化，更為實用而非完善。普通法是一件令人振奮、甚為粗糙的未完成作品，而偉大案件最貼切地見證了這種描述的真確性。

第 2 章

食人有錯？

海事法與海事傳統

與人生一樣，法律一直與文學和藝術之間保持着緊密的聯繫。雖然人們常會想當然地認為，在法律和文學之間，存在着一條由法律通往文學的單行道，但在法律和藝術之間，卻會在某些時刻出現一條通往彼此的雙行道。大多數時候，藝術依賴並追隨着法律，以取得靈感來源。無論是在查理斯・狄更斯（Charles Dickens）的《荒涼山莊》（*Bleak House*）、哈柏・李（Harper Lee）的《梅岡城故事》（*To Kill a Mockingbird*）等小説中，還是在《法律與秩序》（*Law and Order*）、《員警迪克遜》（*Dixon of Dock Green*）等熱播電視劇中，藝術都以既褒又貶的手法凝煉及描繪着法律及其中各式人物的形象。然而，在少數令人難忘的時刻，這種關係發生逆轉，法律和人生反過來追隨、附和文學與藝術的潮流，從中獲得啟發。

在法律和文學各自的編年史中，理查德・派克（Richard Parker）的名字經常出現。在絕大多數時候，海洋是他經常冒險活動和偶爾作惡的重要場所。其中一位理查德・派克在 1846 年隨 "法蘭西斯・斯佩特號"（*Francis Speight*）一同沉沒海底。在法律的編年史中，或許名聲最壞的派克是生活於十八世紀、在多爾叛變（Dore mutiny）中擔任決定性角色，最終被處以絞刑的那一位。然而，給人留下最深印象的法律角色出現在幾十年之後，這位理查德・派克是名船艙侍者，身份卑微，雖然他在無情的大西洋中慘遭不幸，結局觸目驚心，但在普通法豐富的歷史上的決定性時刻，他卻是一宗重要案件裏的著名角色。

救生船上的食人事件

　　帆船旅行一向是富人之間常見的消遣方式。它只是一種炫富的象徵性活動，從沒人把帆船當成運輸工具。約翰・亨利・旺特（John Henry Want）對此了然於胸。他身材高大，因體格健碩和鬍子的造型別致而出盡風頭。這位老兄發跡於澳洲，曾是一名成功的海事律師，涉足於各式結果不定的商業冒險中；與政界的緊密關係令他大發橫財。然而，他不甘於被官方永遠劃入暴發戶之列，於是絞盡腦汁，希望能從社會上撈取更多特權，提升社會地位。1883 年，他前往英國，打算購買一艘能烘托其身份的帆船，並乘船返回位於悉尼新南威爾士港的帆船俱樂部，在那裏的夥伴面前炫耀一番。

　　一艘長 52 英尺、重 20 噸，由奧爾德斯（Aldous）於 1867 年製造的帆船引起了他的興趣。這艘近似遊艇的帆船曾在過去幾年裏贏過多場比賽。旺特用 400 英鎊的超低價格購得此船，並將其命名為"木犀草號"（*Mignonette*，法語單詞，用來形容嬌小可愛的東西）。新主人旺特十分滿意，並到處招募船員把她駛回澳洲；旺特本人則計劃以更加便捷和自在的方式由原路折返。

　　得知這一工作機會後，船長湯姆・達德利（Tom Dudley）自告奮勇。他身材不高，頭髮和鬍鬚微紅。這位 30

歲的男子漢白手興家，為自己贏得了可靠而勇猛的水手的
好名聲；也為他位於英國東南海岸黑水河（Blackwater）
河口艾塞克斯郡的托爾斯貝里港（port of Tollesbury,
Essex）的家鄉帶來榮譽。他是虔誠的信徒，管理手段
嚴格，聲稱絕不會讓任何船員落水。他的妻子菲利帕
（Philippa）在當地教書。而為了讓妻兒生活過得更好，湯
姆常四處討活。儘管他並不樂意長時間離開家人，但這次
澳洲之旅收入可觀，而且能讓他有機會在那個充滿希望的
大陸上尋找商機。面對着耗費 120 天之久、距離 16,000
英里的長途航行，湯姆是旺特和"木犀草號"的理想船長
人選。

旺特出手大方，向達德利支付 200 英鎊作為報酬：
簽約時預付 100 英鎊，餘款待船抵達悉尼後付清；達德
利全權負責僱用船員、支付報酬、提供一切航行必需品，
並負責"木犀草號"的日常維修。對達德利來說，這是一
筆表面看來收益可觀的絕佳交易。然而，他在招募船員時
遇到困難。水手們普遍認為，要駛過世上最兇險的水域，
特別是要繞過好望角一帶，這艘船顯得太輕、太小了。在
經歷了最初幾次失敗後，達德利招到三名船員，包括：
愛德溫・史蒂芬斯（Edwin Stephens，別號"埃德"）擔
任助手（mate），艾德蒙・布魯克斯（Edmund Brooks,
別號"內德"）負責甲板工作（able seaman），及理查德・
派克（Richard Parker，別號"迪克"）打下手（cabin boy）。

由於"木犀草號"的適航條件太差，他們遂把起航時間推遲至幾星期之後。雖然多條船骨已經腐爛至亟待更換，但吝嗇的達德利決定只進行最低限度的權宜修補。為了獲得船舶適航的必備文件，在經過與商會持久而焦灼的協調之後，"木犀草號"及其船員最終獲准離開（或，至少無人阻攔）。達德利與多數水手一樣迷信，雖然已經準備妥當，星期五便可出發，但他還是決定等到運勢更順的星期一再說。1884 年 5 月 19 日，"木犀草號"終於駛離南安普頓港（Southampton）向澳洲進發。

最初幾週，航行頗為順利，並未發生任何意外。船員們相處融洽，助手埃德・史蒂芬斯，37 歲，有五個孩子，航海經驗豐富，身上殘留的幾處傷疤是十幾年前在船運部門工作時留下的；水手內德・布魯克斯是達德利的老朋友，他把這次航行看成是移民澳洲的廉價方式；打下手的迪克・派克，年僅 17 歲，是一名孤兒，他希望在這次航行中成長起來，並展開新生活。6 月 8 日，"木犀草號"在佛得角（Cape Verde）補充新鮮供應之後，便駛向風浪頻現、越加兇險的南大西洋海域。為了利用西南信風的強勁風力，盡量節省時間，他們避開更多船舶往來的航線航行。然而，7 月 3 日，信風風力減弱，"木犀草號"在暴風雨前夕的寧靜之中短暫停航。

很快風又颳了起來，兩天後的 7 月 5 日，他們已身處狂風暴雨之中。達德利命令躁動不安的船員們躲進船艙，逆風停船。那時，"木犀草號"離好望角西北面約 1,600 英里，距特里斯坦·達庫尼亞羣島（Tristan da Cunha）中最近的島嶼也有 680 英里，在這種情況下，達德利吝嗇修船的決定似乎並不明智。船身被巨浪擊中後，船舷背風處出現一個大洞，受幾番大浪襲擊後，"木犀草號"的狀態比在南安普頓港出發時惡劣得多。達德利明白，這個破口是毀滅性的，他們只能選擇棄船。

"木犀草號"的救生船像一艘小艇，僅有 13 英尺長，他們放下救生船，準備放棄"木犀草號"迎接自己在水中的命運。在經歷狂風暴雨的蹂躪之後，四名船員漸生恐慌，更糟的是救生船無法裝運太多設備與糧食。海浪洶湧澎湃，捲走了一桶飲用水和幾罐食物。在"木犀草號"完全沉沒前的五分鐘裏，他們竭盡全力，僅由達德利和派克各撈得一罐食物，連一滴飲用水也沒得到。飲食匱乏令他們的前景一片黯淡。他們被困在臨時啟用的救生船，並遠離商船常規航線，在這樣窘迫的處境下，沒有人能為他們提供太多長期存活的機會，至少他們自己不能。

第一夜，四人不得不竭力擺脫一頭固執鯊魚的注意。但這只是他們面對的第一項嚴峻挑戰。他們只有兩罐蘿蔔，沒有飲用水，無法阻止物品免受海水沖擊，也沒有釣魚工具。在一天或更長一段時間過後，風暴停止下來，他們百感交集，搶食了一罐蘿蔔。幾天後，他們成功將一隻睡熟的海龜拖上船，海龜肉和餘下的一罐蘿蔔又幫助他們堅持了幾天。在遇難後的一星期裏，他們衣不附體，飲尿解渴。他們獲救無望，開始考慮任何求生的可能。

大約自古希臘時代開始，人類社會就存在這樣一種海事習慣：當出現類似"木犀草號"船員所面對的絕望情形時，可以考慮同類相食的辦法以擺脱困境。這種原則認為，犧牲部分人以換來其餘人的存活，是一種相對較好的解決辦法。因為首先，死者的血可以解渴，肉可以充飢；而那些如頭顱之類的肢體，則會以海葬處理。雖然一般情況下會選擇最先吃掉已死者的遺體，但如果要決定誰該犧牲自己，首選的方法就是抽籤。可是，操縱抽籤的行為並不罕見，而且高級船員能避免抽到下籤的機會，總是比運用常規統計方式所計算出來的大。縱使達德利願意採取這種辦法，但史蒂芬斯和布魯克斯始終認為採取這種極端措施言之尚早。

又過了幾天，他們已在救生船上漂流了兩星期，這時派克身患重病。他極有可能在夜裏喝過海水，而他患上嚴重腹瀉，令他本已缺水的身體狀況進一步惡化。他開始感到神志不清，時而清醒時而昏迷。此時，離他們上次進食已過了八天，史蒂芬斯的身體狀況同樣開始惡化。達德利再次提議抽籤的解決辦法。史蒂芬斯開始動搖，但布魯克斯仍不願參與這一可怕計劃。正在與死神角力的派克，在這場世間罕有、始料未及的死亡交易面前顯得無能為力。

在遇難後的第 19 天，達德利宣佈，如果第二天仍沒有船隻出現，那麼他們就應當殺死派克。由於派克已踏入鬼門關大半步，達德利堅信這項計劃必定能夠實現。翌日，沒有船隻出現，達德利承擔起結束派克生命的責任，當然對他來說，他更願意相信殺死派克只是提早結束他的生命，以使其餘三人能增加存活及獲救的機會。畢竟，達德利認定只能殺死派克，這不僅是因為他是最虛弱、最接近死亡的一個，而且派克也無妻兒牽掛。史蒂芬斯不情願地同意了，但布魯克斯仍在船的另一頭沉默不語，不置可否。

在簡單祈禱後，達德利在沒有其他儀式下剖開派克的脖子。他和史蒂芬斯、布魯克斯一道喝光了派克的血，最重要是先澆滅了如焚的口渴。在接下來的三天裏，飢餓驅使他們毫無悔意地吃食派克的身體，並選擇先吃那些易於消化的內臟部分。然而，在派克被殺後第四天，也就是他們棄船後第 24 天，餘下的三人開始感到徹底絕望了。

與其他在公海上滅亡的水手不同，達德利和其他兩名船員獲得了僅有的一絲好運。7 月 29 日那天，上天回應了他們的祈禱，一艘載滿硝酸鹽、正從智利返航漢堡途中的德國貨船"蒙特蘇馬號"（*Montezuma*）經過。在熱心的 P. H. 索門森（P. H. Somensen）船長一聲令下，船員們救起救生船上的遇難者。布魯克斯尚能自己爬上船，而達德利和史蒂芬斯則已太過虛弱，只能由繩索拉上船。不用說他們已體力耗盡、嘴唇發黑、四肢浮腫，處境非常可憐。然而，達德利並未掩飾，而是用明顯的手勢透露曾發生的一切。他堅決要將救生船帶回岸，同時還要把派克僅存的遺體（一根肋骨和少量肉）保留下來。他打算回英國後為派克辦一場體面的基督教葬禮。

海事習慣與法律制裁

達德利、史蒂芬斯、布魯克斯，以及派克的遺體足足花了一個月時間才回到英國。在橫渡英倫海峽的幾天後，他們被一位領航員接載，並於 9 月 6 日抵達法爾茅斯市（Falmouth）。從啟程返回英國的那一刻起，達德利便公開坦白了曾經發生的事情；他告訴那位名叫柯林斯（Collins）的領航員，他們殺死並吃掉了第四名遇難者。除帶回派克的遺體外，他們還開誠佈公地向海關當局匯報了此事。

依照 1854 年《商船法》（*Merchant Shipping Act*）的要求，他們在當地海關向船舶管理官奇斯曼（Cheesman）先生匯報了詳細的情況。奇斯曼是個恬不知恥的傢伙，與漠視走私中飽私囊相比，他對收入不高而單調乏味的官差興趣不大。三個人詳細說明了船舶遇難和殺死派克的過程。對達德利和史蒂芬斯來說，此事雖令人扼腕，但他們的做法並沒有違背海事傳統在此種危機環境下對其行為的預期標準："在第 20 天，小子派克由於飲用海水身體十分虛弱。〔我〕在大副史蒂芬斯的協助下殺死派克，以讓其他人存活下來，他們所有人都認同有必要這樣做。"達德利熱情洋溢地講述着整個故事，其中還包含着一些不太恰當的細節。

「木犀草號」是艘小船，並未裝載任何其他乘客和貨物，也未發生實質性的人員傷亡，興趣缺缺的奇斯曼先生感到無利可撈，無事可做，整件事應當就此平息。在訓令（mandate）中，他只要求改善安全，並未要求提出刑事起訴。奇斯曼將報告發給倫敦貿易局。由於貿易局官員並不確定應如何處理，便將報告材料轉送內政部（Home Office），那裏具有法院行政和刑事追訴的最終裁決權。由於那天是星期五，所以他們最快也要等到週末過後的星期一才能獲得裁決。

然而，從達德利和史蒂芬斯的角度來看，這幾天是整個事態突然惡化的轉捩點。當他們以為終究會擺脫麻煩的時候，公認的反面角色粉墨登場。在達德利、史蒂芬斯向奇斯曼報告並指出他們的做法符合法律時，當地員警詹姆斯‧拉弗蒂（James Laverty）亦在場。他是法爾茅斯警局的警長。與違法的奇斯曼相反，他是個照本宣科、偽善的衛理聖公會成員。他對海關官員漠視行為規範的做法不滿，也受夠了奇斯曼縱容裝卸工、妓女、竊賊、小偷、海盜犯下的所有瑣碎罪行的態度。當聽到「木犀草號」船員遇難的消息時，拉弗蒂決意去聽聽他們向官方作出的報告。

拉弗蒂心無旁騖地聽着達德利的粗略說明。當達德利開始詳細講述他如何製造刀以及如何用刀殺死派克時，拉弗蒂命他上繳兇器。達德利仍然相信自己並無做錯甚麼，確信其舉動並不構成犯罪行為，因此他交出那把刀，還提醒拉弗蒂必須歸還那把刀，以作為那場噩夢般經歷的"紀念品"。對於濫用權力和雄心勃勃的拉弗蒂而言，達德利的要求太過分了。

　　拉弗蒂警長認為，在描述"木犀草號"救生船上所發生的一切時，達德利態度傲慢，令人無法容忍。他沒有等待奇斯曼的進一步行動，便迫不及待地直接向上級匯報，並請求上級作出指示，是否應當對達德利和史蒂芬斯二人或其中一人提出刑事控訴。他主動請求以公海謀殺罪逮捕三人。一開始，法院書記員約翰·戈恩（John Genn）回絕了拉弗蒂的要求，因為他應當首先獲得首席地方治安官，即法爾茅斯市市長亨利·里迪科特（Henry Liddicoat）的批准。由於輿論偏向海員，這位頗受歡迎的市長並不願意插手此事，但他覺得有義務向拉弗蒂簽發許可證，批准警察局關押達德利和史蒂芬斯，以保證他們下星期一早上會出席地方治安法院的審訊。顯然地，拉弗蒂抓捕這三名倖存者時，他們正受水手之家負責人何塞船長（Captain Jose）的邀請，參加一場名流晚宴。在整個事態急轉直下之時，達德利尤為躁動不安，但是他卻相信所有人都會在星期一獲釋，並將在回家之後獲得更充足的休養時間。

　　令達德利他們掃興的是，所有當地治安官都曾接到一項嚴格命令：處理所有謀殺案必須聽從財政部法務官（Treasury Solicitor）的意見。因此，在法院書記員的提示下，拉弗蒂要求繼續羈押這些人，直至收到上述意見為止。當地律師哈里・蒂利（Harry Tilly）受邀為這些海員提供代理服務，並提出保釋申請。但是，治安官認為他們暫時束手無策，在接到倫敦的意見之前，達德利他們仍需被多關幾天。

直至星期三，"木犀草號"的案卷才通過內政部的層層審查。可是這些上級官員也不知如何處理，只好將案件直接呈給內政大臣（Home Secretary）威廉・哈考特爵士（Sir William Harcourt）。此時，輿論開始既直接又響亮地支持被羈押者，指出他們並未做過任何錯事而且其行為完全符合久經驗證的海事習慣。人們認為，把這些被受圍困的人當成罪犯，而不是情非得已的英雄的這種做法，是在踐踏民意。他們從這場生死考驗中倖存下來，理應接受祝賀與慰問，而不是遭受迫害與控訴。

哈考特由於與該地距離較遠且受完全隔絕，因此對地方的輿論情緒並不知情，他只關心應如何遵循法律的字面含義。或者，更準確地說，因為在英聯邦內，與此案案情類似的多次指控最終以失敗或失效（lapse）告終，他將此案看作一個藉以透過最高法院澄清法律字面含義的便利契機。在與司法部長（Attorney General）亨利・詹姆斯爵士（Sir Henry James）和司法部法務總長（Solicitor General）法勒・赫謝爾爵士（Sir Farrer Herschel）商議之後，他命令法爾茅斯地方治安官提出控訴。

不過，在 9 月 11 日當那些被關押的人出庭時，蒂利已經成功地將他們保釋出來。保釋金由法爾茅斯當地一家著名古玩店的店主約翰·伯頓（John Burton）支付，包括以 400 英鎊保釋達德利，400 英鎊保釋史蒂芬斯，及 200 英鎊保釋布魯克斯。丹尼爾·派克（Daniel Parker），那個不幸派克的哥哥，則身穿帆船船員服裝在庭審現場出現，但最令人驚訝的是，他公開表示一定要與三名船員夥伴握手，這種舉動使日漸增加的輿論支持更加高漲。怒不可遏的人們不僅恐嚇要幹掉里迪科特市長，還編造了幾首民謠來歌頌這三個人。其實，達德利甚至曾寫信給位處倫敦的《時代週刊》（*Times*），表示"感謝眾人對我本人及我的同伴在海上經受世間所罕見的痛苦與煎熬所表達的同情與支持。目前，我們正飽受法律指控的折磨，但我以良心保證，那些罪名指控的行為，在真正意義上，絕非出於我的策劃與預謀。"所有這一切卻絲毫沒有動搖內政大臣的立場。如果説有影響的話，那便是刺激了威廉·哈考特爵士下定決心，要一勞永逸地解決這些事端。

控訴任務被委託給年輕的財政部初級律師威廉·丹克沃茨（William Danckwerts），他後來升任為皇家大律師（king's counsel），他的兒子是位知名法官。他認為，儘管布魯克斯曾搶食過派克的遺體，但是如果繼續將他列為被告，只會令案件更為複雜、更加棘手。因此，在預審時，他撤回所有指控布魯克斯的證據，治安法官也因此免除了對布魯克斯的指控。達德利和史蒂芬斯卻沒有這樣好運，他們於 1884 年 11 月被押赴位於艾克塞特（Exeter）的德文與康沃爾地區冬季巡迴審判庭（winter Devon and Cornwall Assizes）接受審判。

對"緊急避險"的不同理解

起初，審判多少有點欺騙的意思，明顯存在着有罪推定的做法。依既定程序按章辦事的法官威廉·羅伯特·格羅夫爵士（Sir William Robert Grove）被要求避席。內政大臣安插了更為"可靠"的財稅法庭法官巴朗·赫德爾斯頓（Baron Huddleston）以作代替。赫德爾斯頓處事粗暴莽撞，在脅迫陪審團按他意思辦事方面不負盛名。雖然作為海員的後代，並在海事法方面經驗豐富，但卻並不支持普通海員。他只是一味迎合上級，對達德利和史蒂芬斯的處境漠不關心，他的任務就是確保兩人獲罪無疑。

作為強大輿論的受益者，達德利和史蒂芬斯的代理人由皇家大律師（Q.C.）亞瑟·柯林斯（Arthur J. H. Collins）擔任。柯林斯是法律行業的領軍人物，而且堅決支持當地輿論，他才華橫溢，收費頗高，並接受了由遊艇協會（yachting community）設立的辯護基金所支付的豐厚報酬。一開始，達德利並不願接受這項"慈善"捐助，但在明確其剩餘部分將用來為理查德·派克的妹妹設立信託基金的情況下才同意。在陪審人員確定並宣誓之後，兩名被告以謀殺為"合理地必須"為由，作出無罪辯護。

　　控方律師由皇家大律師亞瑟·查理斯（Arthur Charles）擔任。他首先宣讀起訴書。雖然他承認救生船上的情況極為糟糕，擺在船員們面前嘗試求生的選擇也令人絕望，但他的主張堅決有力，指出英國法中沒有規定以緊急避險（necessity）作為辯護理由的先例。縱使諸多學術爭論一直糾結於緊急避險是否或應當作為辯護理由的問題，但是查理斯固執己見，毫不遲疑地認為無罪辯護並無先例支持。在本案中，判斷他們的行為屬於犯罪行為（*actus reus*）的必要條件是他們的確曾經剝奪了他人的生命，而判斷他們的行為具有犯罪意圖（*mens rea*）的必要條件是他們在行為時懷有殺人的故意。因此，雖然在那樣的處境中情有可原，但是他們的行為必須被認定為犯罪。

　　控方的證據雖然有限但令人信服。法庭傳召一些來自法爾茅斯的人（其中包括無情的警長拉弗蒂）出庭作證，要求他們證實達德利和史蒂芬斯在抵達法爾茅斯時所說的話及承認的事。其中最重要的證人卻是內德·布魯克斯。儘管不願作證，但是他的證供強而有力地確認了救生船上發生的一切，詳細說明了達德利在整個過程中的主導角色，以及他曾拒絕參與殺死理查德·派克的細節。在被告律師的盤問程序中，柯林斯並未盡力反駁或追問這些證詞，他所關注的是迫使布魯克斯強調下列事實，包括：救生船上的可怕情形、派克已奄奄一息瀕臨死亡、布魯克斯自己也食用過屍體,以及他們當時的處境顯然十分無助。

控方結束控訴,在辯方將要提交答辯之際,赫德爾斯頓法官橫加干涉,雖說有些不合時宜,但至關重要。他提出不想再聽到有關緊急避險的任何辯護理由。這是因為根本沒有法律能夠支持這種辯護;本案只能留待上訴法院裁決。在赫德爾斯頓的申斥與牽制下,柯林斯幾乎沒有證據予以反駁,審判只能中止。

然而,赫德爾斯頓法官並未停下干涉的腳步。在意識到強烈的公眾情緒仍然支持達德利和史蒂芬斯後,他為了確保陪審團依然聽命於他,而邁出了極富創造力的一步。他根據自己對法律的解釋,告知陪審員只有兩條路可選擇:一是認定兩名被告罪名成立,二是同意進行"事實裁定"(special verdict)。陪審團所面臨的選擇極為有限,只能要求進行"事實裁定":也就是說,他們只陳述認定的案件事實,而將適用相關法律的問題交由上級法院裁斷。結果,陪審團認定的事實是:

> 如果不吃掉那個男孩的屍體,被告不可能存活下來等到他人救援脫離險境,而是會在四天之內餓死;那個男孩極度虛弱,很有可能首先死去。在既沒有看到船隻經過,也沒有任何獲救希望的情況下,他們才做出被指控的行為;在那種條件下,擺在被告面前的選擇只能是,稍後吃掉或是馬上吃掉派克或他們中的一

個，不然他們將會餓死；他們除了殺死其中一
個供他人果腹外想不到其他活命的辦法；假定
存在殺掉其中一個的必要性，那麼殺死那個男
孩比殺死其他三人中任何一個的必要性大。

接到事實裁定後，赫德爾斯頓延長了被告的保釋期
限，宣佈巡迴審判庭休庭至 11 月 25 日，等待來自倫敦皇
家法院（Royal Courts of Justice）的消息。在這段時間
裏，大多數法律爭論都糾結在應當遵循的恰當程序之上。
當時出人意料的是，以擁有完美職業資歷（credentials）
並具真正實力的大法官科爾里奇（Coleridge）為首的五位
法官，組成了王座法庭（Queen's Bench）的分支法庭，
使巡迴審判庭一直拖延到 12 月 4 日才再次開庭審訊。被
告的辯護律師柯林斯對此反常舉動提出較為和緩的異議，
表明了針對達德利和史蒂芬斯的某種秘密交易已然達成。

聽審按照法定程序進行，沒有太多的意外與可質疑之
處。柯林斯不顧法庭施加的壓力，在指定時間內搜集了
支持緊急避險的不同法律觀點和道德觀點 —— 極端的環
境、更大的善，以及迫不得已的措施。他援引美國 1842
年就霍姆斯案（Holmes）作出的判決，而該判決在處理
類似船舶遇難案件時，並未排除考慮緊急避險的可能性。
待柯林斯發表完辯護意見，稍事休息後，貴族法官科爾
里奇宣讀了法庭的一致結論，指罪名應依（法定）理由提
出。被嚇壞了的達德利和史蒂芬斯立即被押送霍洛韋監獄

（Holloway Prison），等待判刑。

12 月 9 日星期二，法庭再次開庭，宣讀判決理由及所判刑罰。作為法官代表，科爾里奇法官承認 "他們所面對的誘惑是如此可怕"，及 "他們的經歷是如此糟糕"。但是，判決結論部分還是堅決認定，被告人為了自身的苟活，殺死了 "一個虛脫、無辜的孩子"；抽籤決定犧牲者的辦法，並不能改變本案的結論。科爾里奇法官運用法庭慣常的一番華麗藻辭，大聲宣佈：

> 一般而言，保護生命是一種義務，然而犧牲生命卻可能是最質樸而崇高的責任。戰爭中充滿着這樣的情形，在其中，人的責任不是苟活，而是犧牲……因此，認為存在一種絕對、無保留地保護生命的必要情況，是一種錯誤的觀念……在一個篤信基督教的國度裏，我們以自己立誓信仰的典範（Great Example）來提醒自己，這樣做已經很足夠了。沒有必要特別指明，在認可這個原則的拚搏過程中，所經歷的可怕危險。誰是裁斷這是否屬緊急避險的法官？用何種方式來衡量生命的相對價值？是力量、智慧，還是其他？顯而易見，那個原則就是任憑那些能從中獲益的人去決定緊急避險的性質，而緊急避險必將證明他故意剝奪他人生命以保護自己性命的行為是正當的。本案中最虛弱、最年輕、最無力抵抗的那個孩子被選中了。殺死他要比殺死其他任何一個成人更有必要嗎？答案絕對是 "否"。

隨着判決理由宣佈完畢，法庭判定達德利和史蒂芬斯殺人罪名成立，現在是判刑的時刻。令他們最為恐慌的是，他們被判處絞刑。然而事有蹊蹺，法官們在宣判時一反常態，並沒有佩戴黑帽。在最後階段，科爾里奇法官的懇求似乎是發自內心的，他請求"最高統治者動用憲法授予最合格執行者的赦免權"。這個請求正式確認了一種信念：為了捍衛法律清晰明確的性質，及保證任何一位被告不會被利用而成為"放縱情緒與殘暴犯罪的合法外衣"，司法當局寧願信守法律承諾。

幾天之後，在內政大臣威廉·哈考特爵士的勸諫下，維多利亞女王簽發赦免令，免除他們的絞刑，並把他們的刑罰改為有期徒刑六個月。儘管一直存在一些內部勢力在策動判處終身監禁，但是政府最終還是認定只有處以更少、更輕的刑罰，才最能實現形式正義、緩和公共輿論帶來的壓力。達德利和史蒂芬斯懷着傷感但無悔的心情，於1885年5月20日從霍洛韋監獄刑滿獲釋，這一天距離他們結束在"木犀草號"上的不幸旅程已將近一年了。

緊急避險作為抗辯理由

以緊急避險作為抗辯謀殺罪指控的答辯理由，一直吸引着法官、律師和法學家的注意和他們聰明的腦袋。一般來說，回應這種抗辯理由時，人們仍然認為，認可這種辯護理由弊大於利；更可取的處理方式不是把它當成證明有罪或無辜的正當理由，而是將其看作寬恕刑罰的藉口。但緊急避險引起的憂慮仍然存在，人們害怕緊急避險會產生許多麻煩，擔心人們會以一些具爭議性、不斷擴大適用範圍的方式延續這種辯護理由。正如科爾里奇法官提醒人們，那可能成為"放縱情緒與殘暴犯罪的合法外衣"。這種情緒的確已引起其他法學大師的共鳴。1931年，美國法官本傑明·卡多佐（Benjamin Cardozo）堅決認為"當兩人或多人共同遭遇突如其來的災難時，其中任何人都無權以保全多數人性命為由而殺害他人"。1979年，英國丹寧法官（Lord Denning）在告誡人們時一度進入了道德過了頭（moral overdrive）的情況，"一旦容許飢餓成為偷盜的藉口，那將會為任何不法行為和混亂無序打開方便之門。一旦容許無家可歸成為非法闖入他人住宅的藉口，那麼每個人的家園都無法獲得安寧。緊急避險也許會敞開一扇無人能夠關閉的大門。"

此外，因為緊急避險與常規價值觀念相衝突，所以對這個重要議題的討論一定不會悄然消失或偃旗息鼓。特別是，當問題的焦點在於，它是否應當成為赦免有罪之人的正當理由；或者，它是否應當成為僅僅判處較輕刑罰或處罰的理由。加拿大最高法院曾經多次面對這個難題。該法院認為不可簡單地採用成本收益的效用計算來解決這一問題，並在1975年作出的一份判決中堅決認為，在醫生實施墮胎手術的案件中，除非有十足證據表明出現了非常緊急而且無法遵守法律的情況，不得以緊急避險作為一般的抗辯理由。然而，在 1984 年判決涉獵廣泛的珀卡案（*Perka*）中，大法官迪克森（Dickson）先生判定如果一宗案件明顯具有"出於道德原因無意作出違法行為"的特點，那麼被告勉強可以提出緊急避險作為抗辯理由。例如，走私販毒者如果為了對載貨船舶進行必要且攸關生死的修理，而被迫進入加拿大領海，那麼他就有權提出緊急避險，作為抗辯走私販毒罪指控的理由。

在最近的一次判決中，加拿大最高法院堅決奉行這種做法：儘管確實存在允許提出緊急避險作為抗辯理由的情況，但是必須最大限度地限制其適用範圍和適用資格。一位父親故意殺害自己年僅 12 歲患有嚴重殘疾的女兒；他聲稱這麼做完全是出於父愛，使她從無法忍受的進一步痛苦中解脫出來。最高法院維持對父親的判決並聲明指出，要建立緊急避險的必要性，就必須證明面對即將發生的危險，無法選擇作出其他合理合法的行為，而且所造成與所規避的損失相稱。不管怎樣，這位父親最終被控誤殺，而非謀殺，他被判處十年有期徒刑，而非終身監禁。在達德利和史蒂芬斯一案中，法官們並沒有排除被告提出這種抗辯理由的可能性，至於他們是否可以提出這種理由，法官們卻故意作出含糊不清的結論。

雖然英國法院在一個多世紀以來一直拒絕受到確認緊急避險的任何引誘，但是在 2000 年時，他們的統一戰線

終被打破。一對連體嬰兒誕生後,人們很快認識到,如果
不將兩者分開,那麼無論是較強壯還是較虛弱(大腦發育
不全,而且心肺功能全失)的嬰兒都會死去。她們的父母
均是虔誠的羅馬天主教徒,寧可選擇順其自然,也拒絕授
權實施分離手術。在醫生的申請下,高等法院一名法官不
顧連體嬰兒父母的竭力反對,授權醫生實施手術。他的判
決之後被上訴至上訴法院。

在經歷無數次觸及靈魂的自省之後,上訴法院的法官
們反覆強調緊急避險這種抗辯理由只可適用於這種"唯一
情況",決定維持原判。這些法官以支持達德利和史蒂芬
斯一案的判決結果開篇;強調沒有任何理由容許一個人為
了自身的苟活而殺害他人。儘管如此,他們還是堅決認為
連體嬰兒的情況不同 —— 在該案中,醫生們並沒有獲得
個人利益;生病中的小姐妹"必死無疑";而且醫生無力同
時顧全兩位病人的最佳利益。諷刺的是,法官們的判決乃
依據來自詹姆斯·史蒂芬斯爵士(Sir James Stephens)
刊登在 1887 年出版的《刑法判例摘編》(*Digest of the
Criminal Law*)的一篇評論文章,那時達德利和史蒂芬斯
一案剛剛宣判不久,當中寫到:

> 在其他情況下會被確定為犯罪的行為,在
> 某些案件中,可以獲得原諒,只要被告能夠證
> 明其行為的唯一目的是要避免用其他方法也無
> 可避免的後果發生;同時還要證明,如果這些

後果發生，那麼他本人或者他有義務保護的人
將不可避免地遭受無法修復的災難；對於實現
上述目的而言，沒有甚麼其他更為合理而必要
的行為可以代替，而且所遭受的與能避免的災
難是相稱的。

對於連體嬰兒一案，上述界定是否具有説服力，而且
上述條件是否得到滿足，這兩個問題仍會引發爭議與分
歧。儘管加拿大最高法院極有可能會與其在英國地位相當
的法院一樣得出相似的結論，但是大多數美國法院絕對不
會這樣認為。在應對這個令人頭疼的領域時，法官們的責
任並不輕，若他們要緩和大眾與專家之間的衝突，使雙方
處於充分協同的狀態之中，就必須保證判決既符合法律的
要求又滿足道德的需要，儘管在通常情況下法律與道德是
相輔相成的，但在這些出現緊急避險的案件中，兩者也會
偶爾發生抵觸。與科爾里奇法官及其同事相比，當代法官
能否把案件處理得更為妥當，仍是個開放性的問題。

藝術與法律的交疊

理查德・派克的基碑座落於南安普頓港附近的佩爾特
里・格林墓園（Peartree Green Churchyard）的一座基督
小教堂裏。豎立基碑以及維護基地的所有費用都是由達德
利與史蒂芬斯辯護基金的餘款支付的。碑文如下："為了
紀念：理查德・派克，享年 17 歲，卒於 1884 年 7 月 25

日，在熱帶的海上如噩夢般地漂流了 19 天後，於'木犀草號'上遇害。"或許碑文中最後兩句引自《聖經》的話最為傳神："即使祂殺我，我仍信靠祂。"(《約伯記》，第十三章第 15 節，KJV 譯本)及"主啊，不要向他們算這罪債。"(《使徒行傳》，第七章第 60 節，KJV 譯本)。然而，雖說理查德·派克遠在南大西洋中英年早逝、結局悲慘可怖，但他的水手同伴們也未過着原本預期的生活。

達德利和史蒂芬斯都從聚光燈的關注下獲益良多；他們的蠟像在倫敦杜莎夫人蠟像館陳列，這兩尊蠟像依然延續着他們令人垂涎的聲譽。湯姆·達德利渴望重回以往的生活，不過雖然他已恢復了航海資格，但仍艱辛地尋找工作機會。他與"木犀草號"的船主約翰（傑克）·旺特取得聯繫，說服旺特資助他全家移民澳洲。在妻子姑母的幫助下，他在悉尼開辦了 T. R. 達德利公司，在船帆製造和船用雜貨銷售方面獲得了成就。在當地，大家都稱呼他"食人湯姆"。命運弄人，他的運氣與財富都僅是曇花一現，並再一次成為傳奇：1900 年，黑死病襲擊澳洲，他是第一個因此喪生的澳洲人。

埃德·史蒂芬斯謝絕了旺特提出免費讓他到澳洲旅行的建議，在南安普頓港周邊定居下來，並以打散工維持生計。雖然他偶爾會乘船返回海上，但由於他漸漸酗酒成性，生活貧苦不堪，最後於 1914 年在赫爾市（Hull）逝世，享年 65 歲。內德·布魯克斯在免受牢獄之災後不久，便藉他的名聲換來了在遊樂場從事怪異表演的工作。但他很快又回歸海上生活。他在住所周邊找到一份往來維特島（Isle of Wight）的渡船工作。1919 年他在貧困中逝世。毫無疑問，傑克・旺特是唯一沒有受到"木犀草號"不幸事件所影響的人。損失了一艘遊艇和幾百英鎊對他來說不算甚麼，他之後獲選進入新南威爾士立法議會，繼而擔任州總檢察長。1905 年，他在閒適的生活中辭世。

多年來，藝術與法律延續着相互模仿的舞步。湯姆・達德利的一生包含着許多希臘悲劇的元素。與阿伽門農（Agamemnon）相似，他為了挽救自己和其他船伴的性命，作出了許多犧牲。最近，一部獲獎小説《少年 Pi 的奇幻漂流》（Life of Pi）中，16 歲的派・派特爾（Pi Patel），是一位動物飼養員的兒子，他與一頭重達 450 磅、名叫理查德・派克的孟加拉猛虎一起被困在一艘長 26 英尺的救生船上，共同度過了 227 天。幸運的是，這頭虛構的猛獸並未被人吃掉，卻縱容自己吃掉了幾個人。

然而，最令人震驚的卻是這個巧合：生活罕見地沿着藝術的一些描述展開。1837 年，在"木犀草號"出航前的 50 年，愛德格・愛倫・坡（Edgar Allan Poe）出版了他唯一一部中篇小説《阿・戈・皮姆的故事》（The Narrative of Arthur Gordon Pym of Nantucket）。這部不太暢銷的小説講述一個年輕小子與另外兩個同伴遭遇海難的故事。船舶失事後，三人借助漂浮的船體倖存下來。然而，幾天後他們很快發現，只有犧牲一人才能保證其餘兩人存活下來。抽籤之後，另外兩人殺死並吃掉了輸掉的船艙侍者。這是個異乎尋常的預兆，因為死者的名字正是理查德·派克。

第 3 章

作見證

擁護法治

在現代社會中，民主政府的存在與壯大離不開相當的妥協技藝。雖然權力最終歸屬於人民以及人民的代表，但重要的是，不得以任意、武斷的方式行使權力。真正意義上的民主承諾特別強調，多數人不得恣意壓制少數人。因此，為了在政治上平衡不同羣體之間時常迥異、偶然衝突的利益，任何一種負責任的政府模式都需要提供一套核查標準和平衡機制。此外，這種需要意味着，人民主權與政治問責必須在一份穩定且有效的公正管治的協議內被結合起來。

法律常常肩負着這樣的任務，為了能使國家之舟成功穿越顛簸的水域，法律必須描繪出一幅詳細的路線圖。這是一件吃力不討好的任務，令法院常被置於各種政治風暴的正中心。在民主政府存續的歷史長河中，法官被逼登上中心舞台，交替扮演着英雄和惡人的角色。實際上，當社會越加支離破碎、政府日益狹隘計較的時候，無論出發點好或壞，人們都會首選法院成為最終的審裁場所。在行動者越來越少，寫作者日漸增多的環境下，他們在跟從的時候改寫着社會運轉的憲法與制度腳本。在這些改寫行動中，他們的核心理念就是法治原則。50 年前發生在加拿大的一宗案件指出，在確保這個雖受質疑，但至關重要的法治原則能持續發揮作用、產生影響的進程中，所要面對的各種挑戰與困難。

與腐敗政府鬥爭的"見證人"

加拿大的魁北克省（Québec）一直是一個充滿活力的地方，在那裏，宗教事務、政治事務與法律事務之間的關係總是不斷變化，常常引發爭議。作為加拿大唯一一個講法語的省份，保護並強化這種特性，長久以來都是魁北克省的頭等要事；這種需要曾經導致制度之間發生過許多次奇特且難以抑制的聯合。雖說加拿大表面上是一個世俗國家，但是在二十世紀六十年代發生"平靜革命"（Quiet Revolution）之前，政治權力中心與宗教權力中心之間的關係非常緊密。說自從 1867 年起加拿大聯邦成立以來，魁北克省政權的歷史和命運就一直與羅馬天主教會糾結在一起實不為過。第二次世界大戰後的幾年裏，這一特點在魁北克表現得淋漓盡致。各個政黨的宿命與宗教機構似乎在一連串衝突事件中結合成一體，而處於這些衝突事件中心位置的是，發生在有權勢的莫里斯·杜普萊西（Maurice Duplessis）和高傲的弗蘭克·榮卡萊利（Frank Roncarelli）之間的那場著名訴訟（cause célèbre）。

莫里斯·杜普萊西在 1944 年 8 月的選舉中大獲全勝。他時任民族聯盟黨（Union Nationale）的主席，這個政黨偏向保守，特別關注魁北克自治主義和民族主義的議題。他與他的政黨曾在 1936-1939 年間在政府任職過一段時間。在本次選舉中，他們的得票數量雖然比自由黨（Liberals）少，但是卻獲得了實質多數的議會席位。自此開始，在接下來的 15 年裏，杜普萊西持續擔任首相，並連續贏得四次選舉。在他執政的時間裏，魁北克政壇與此前和此後的情況一樣充斥着衝突與敵對。雖然某種修正主義（revisionism）也正在起作用，但是人們通常認為那段時間是"大黑暗時代"（La Grande Noirceur），當中貪污腐敗、徇私舞弊和兜售權勢成了那個時代的秩序。

民眾對莫里斯・杜普萊西既愛又怕，只知道他是一省之長（Le Chef）。杜普萊西的父親來自三河城（Trois Rivières），曾做過法官及職業政客。杜普萊西為人傲慢自大，對魁北克實施獨裁統治，並將魁北克看作自家的采邑——"我就是那個創造魁北克歷史的人，我就是魁北克的當家人。"他自幼在羅馬天主教傳統中成長，受過律師職業的訓練。他是一個酗酒成性的單身漢，儘管不願事事公開，但他還是完全融合在社交生活中；在整個政治生涯裏，他從未接受過任何採訪。他在漫畫中被描繪成一個恃強凌弱的政客；一個更走極端版的西爾維奧・貝盧斯科尼（Silvio Berlusconi），將會是他的現代化身。

他在第二次世界大戰之前的首個任期中，並未取得任何令人難忘的政績。然而，1937 年的杜普萊西政府預示着將要到來的一切。他一直十分敏銳地對樹立政敵所帶來的好處作出高度評價——因此，他很願意把敵人妖魔化，以實現自己更大的政治野心，轉移人們對自己缺點的關注。恃着鄉村和公眾的支持，他頒佈了一部所謂的《關閉法》（*Padlock Law*），這部法律的正式副標題為 "保護本省免受共產主義宣傳影響的法案"。如題所示，他頒佈這部法律的目的，就是瞄準公眾害怕共產主義或布爾什維克主義（Bolshevism）〔同時還包括其他一些令公眾憂慮的組織，如左翼猶太人民秩序聯盟（United Jewish People's Order）〕會給他們的生活帶來威脅的焦慮，並將這種焦慮放大，以撈取民眾好感。這部充滿機會主義色彩的法律，最終被加拿大最高法院宣佈無效，因為這部法律超出了憲法授予省級政府的權力範圍。然而，事實證明這一舉動是很好的政治策略，因為它提升了杜普萊西的形象，將他塑造成一個堅決擁護魁北克民族利益的強權領袖。

1945 年，杜普萊西省長任命自己為本省的總檢察長和省政府間事務大臣（minister of intergovernmental affairs），進一步鞏固手握的權力。在投資公債（funding）、政府補貼以及省政府享有的徵收個人所得稅、企業所得稅、遺產稅和汽油稅的權力範圍等方面，他與位於渥太華的聯邦政府展開了一場持久戰。在徹底穩固自身的權力根基之後，他開始放縱地滿足自己在分肥政治（pork-barrel politics）方面的癖好。他所推出的公共工程項目範圍廣泛，包括建造高速公路、醫院、中小學和大學的工程項目，同時還包括建造水電站的宏偉計劃。這些公共工程項目的建設既有助於提升杜普萊西的個人名望，又確保這些項目提供的必要的（但常常違法的）選舉資金，最終成為虧欠他個人的人情債和政治債。這些曖昧的、常常赤裸裸的腐敗行徑在加拿大的其他地方都會遭到嚴厲譴責，但是這些行為在魁北克卻並未受限。一言以蔽之，在第二次世界大戰剛剛結束的幾年時間裏，魁北克正是杜普萊西所嚮往並能要風得風，要雨得雨的地方。然而，有一個人罕見地能大膽勇敢的挺身而出，反抗杜普萊西和他那運作順暢的政府機器。

弗蘭克・榮卡萊利（又名 Franco Roncarelli 弗蘭科・榮卡萊利）便是那個人。他生於意大利，在十九世紀與二十世紀之交與父母一起移民加拿大。1912 年，他的父親在蒙特利爾市的寇里森特大街（Crescent Street）開了一家名為"暢飲"（Quaff-Café）的咖啡館。在父親退休之後，弗蘭克接管了咖啡館，並成為當地聞名的餐廳老闆。他的咖啡館申領了酒類飲料經營執照，是當地一家正規經營而且深受歡迎的酒館。在 34 年的運營過程中，這家咖啡館奉公守法，與政府當局絲毫無犯。然而，咖啡館的命運在 1946 年 12 月 4 日星期三，一個繁忙的午餐時間發生了逆轉。員警突然闖入店中，告知榮卡萊利他的酒類飲料經營執照已被吊銷，因此他向顧客出售酒類飲料的行為屬違法，他們將充公他價值 5,000 加元的所有酒類飲料。榮卡萊利的錯誤在於，他曾反對過獨裁的杜普萊西。

弗蘭克・榮卡萊利是"耶和華見證人"（Jehovah's Witness）組織（下稱"見證人"組織）的成員。這個福音派組織堅信現存的世界秩序將很快在世界末日的善惡決戰中滅亡，而當救世主第二次降世時，本派選中的成員將會獲救並升上天堂。這個教會組織承諾的一項重要內容就是勸人改宗換教；為了傳播印有如"觀望塔"（*The Watchtower*）和"覺悟吧！"（*Awake!*）等文字的刊物，他們不斷開展上門拜訪活動。由於他們堅決反對服兵役（和輸血），因此除了被看作異常的邊緣羣體外，還被當作潛在的政府顛覆勢力。他們的各種行為方式，為那些具有迫害傾向的主流魁北克人提供了打擊他們的把柄。

根據聯邦政府制定的《戰時措施法》（*War Measures Act*），"見證人"組織所有反對強制兵役的行動都遭到禁止。然而，戰爭一結束，他們就重新恢復了挑釁行動，鼓動更多蒙特利爾人改變信仰，參與他們的復興行動。對他們而言，他們享有從事這些工作的公民權利，與此同時，這也是作為國內傳教士的他們應盡的宗教義務，而《魁北克信仰自由法案》（*Québec Freedom of Worship Act*）和蒙特利爾的城市基本法（charter）從法律上已認可他們具有資格散發傳單，並在無需政府許可下入戶拜訪。這種大膽的舉動只會令那些在魁北克人口中佔多數的羅馬天主教教徒，對他們產生更深的懷疑和敵對情緒。在被確認是反天主教的組織後，"見證人"組織與天主教徒之間開始產生磨擦。"見證人"組織的會議受到干擾，個別"見證人"組織成員遭人毒打。然而，政府卻對此熟視無睹，並未對

"見證人"組織成員提供任何保護。

　　但是，隨着事件升級，政府開始表現出一種更加積極的姿態。對杜普萊西而言，"耶和華見證人"與共產主義者一樣，可以輕而易舉地成為他的攻擊對象；他的政府展開了一場被杜普萊西稱為"無情戰爭"（un guerre sans merci）的行動。市政府居中協調部署，讓他們感到滿意的策略是，拘捕並重新逮捕數百名"見證人"組織成員，理由是他們違反了本市規章；這些規章規定，在未經政府許可的情況下，他們無權散發傳單和文字材料，同時也被禁止在路上干擾行人。在蒙特利爾市，對這類違法行為的最高刑罰為罰款 40 加元加上因此造成的損失，或者被監禁 60 天。

　　弗蘭克·榮卡萊利是一位做事認真盡責的"見證人"組織成員。當夥伴遭到騷擾並被粗暴對待時，他下定決心不再袖手旁觀。作為少數幾個較為富裕的組織成員之一，他在背後支援着組織內遭受迫害的成員。他的主要任務是為被捕者提供保釋金。在三年裏，他一共為超過 390 位同伴提供房產擔保（property bonds）。然而，1946 年 11 月 12 日，蒙特利爾地方司法官法庭（Recorder's Court）的首席檢察官作出裁決，宣佈不再接受弗蘭克·榮卡萊利提供的房產擔保為抵押；保釋金額被提高至 300 加元，並必須以現金支付。自此，他不再提供保釋金。但是他卻被杜普萊西及其黨羽（錯誤但恰當地）認定為蒙特利爾市內"自稱為‘見證人’組織頭目"。榮卡萊利因此被描述為一個厚顏無恥、煽動性強、危害法紀與秩序的人物，並且成為政府密切監控的對象。

蒙特利爾的"見證人"組織維持其挑釁性，並且毫無歉意，對政府打壓他們聲勢和信念的官方工作，他們唯一可行的回應方式，便是印製並分發一份標題為"魁北克憎恨上帝與基督，自由令全體加拿大人蒙羞"（Québec's Burning Hate for God and Christ and Freedom Is the Shame of All Canada）的宣傳冊。事後，加拿大最高法院大法官蘭德（Justice Rand）把這個標題描述為"一句令人撕心裂肺的斥責，它控訴着那迫害基督信徒的野蠻行徑。"這種反應正中杜普萊西及政府當局的下懷。他們早已做好準備。

時任蒙特利爾市首席檢察官（chief Crown prosecutor）的奧斯卡・加尼翁（Oscar Gagnon）迅速採取行動禁止宣傳冊的傳播。他命令員警強行扣押儲存在舍布魯克鎮（Sherbrooke）附近、即"見證人"組織做敬拜的"王國大廳"（Kingdom Hall）內的一捆宣傳冊。當他們調查到這個場所是由榮卡萊利租予"見證人"組織使用時，檢察官奧斯卡聯絡時任魁北克省酒類飲料委員會（Québec Liquor Commission）的主席愛德華・阿爾尚博（Edouard Archambault），後者後來還擔任過治安法官法庭（Court of Sessions of the Peace）的首席法官。在得知榮卡萊利參與其中，並且其"暢飲"咖啡館持有酒類飲料經營執照之後，阿爾尚博就此事致電請示杜普萊西。杜普萊西作為本省的總檢察長和省長，明確要求絕對並永久（definitivement et pour toujours）吊銷頒發給榮卡萊利的年度酒類飲料經營執照（仍有四個多月才到期）。阿爾尚德毫不遲疑，立即執行省長的命令，吊銷榮卡萊利的執照並立即派遣員警查辦榮卡萊利非法經營之事。六個月以後，"暢飲"咖啡館不得不關門大吉。在二十世紀四十年代後期的蒙特利爾，不提供酒類飲料的餐館根本無以為繼，更遑論要營利。

翌日，以勝利者姿態出現的杜普萊西，對員警的所作所為，並不擔憂也毫不羞愧。他向《蒙特利爾公報》（*Montreal Gazette*）詳細解釋了自己在對待"耶和華見證人"組織問題上毫不妥協的種種理由，同時還解釋了為何他認為該組織的宣傳冊"具有非常明顯的誹謗和煽動叛亂的性質"。對於針對榮卡萊利採取的一系列特別行動，杜普萊西坦言：

> 此人如此明顯、反覆且毫無畏懼地同情"見證人"組織成員，是對公共秩序的挑釁，對司法工作的侮辱，完全違背了正義的各種目的……[回憶他本人在 1939 年時作出的一份判決，裁定吊銷哈耳摩尼亞俱樂部（Harmonia Club）的酒類飲料經營執照，原因是那裏播放

納粹宣傳片〕，共產主義者、納粹分子，還有那些宣傳“耶和華見證人”組織的人，一直以來而且仍將會是民族聯盟黨政府懲辦的對象，因為他們不斷嘗試着將他們自己及其抱持的煽動性思想觀念滲進魁北克省。

並不是所有魁北克人都打算對此沉默無語，與政府串通一氣發動這場反指責“耶和華見證人”組織的高壓且武斷的運動。至少，弗蘭克・榮卡萊利本人不打算默然承受這種指責。他以自己堅定的宗教承諾為武器，下定決心要向公眾公開洋洋得意的杜普萊西所作出的一切專橫行徑。但榮卡萊利並不是孤軍作戰。一向以來，任何一場成功的訴訟都離不開政治、名人，當然還有時機等因素的偶然結合。

在榮卡萊利和斯科特（F. R. Scott）之間，究竟是誰先找到誰，這一點已無法考證，但是這兩位也叫弗蘭克（Frank）的人之間締結了極佳的合作夥伴關係。如果說榮卡萊利只是感到自己蒙受了不公對待，那麼斯科特則從法律和知識方面去表達這種感受。自 1946 年開始，法蘭西斯・雷金納德・斯科特（Francis Reginald Scott）就已經準備好，要讓自己成為一名真正傑出、響噹噹的加拿大人。斯科特曾獲得羅茲獎學金（Rhodes Scholar），時任麥吉爾大學（McGill University）法學教授，也是宣導社會主義、頗具影響力的組織“聯邦合作聯盟”（Cooperative

Commonwealth Federation）的創辦人之一，並於 1942-
1950 年期間擔任該組織的全國主席。作為一位復興時期的
代表人物（renaissance figure），他是唯一一位兩次獲得
"總督獎" 殊榮的加拿大人：1977 年，他憑論文《論憲制》
（*Essays on the Constitution*）獲得非小説類作品的 "總
督獎"；1981 年，他憑其《詩文集》（*Collected Poems*）
獲得詩文類作品的 "總督獎"。作為一名民權至上的主義
者，和杜普萊西的積極反對者，他參與本案並不意外。

　　榮卡萊利首先與亞伯特・斯坦［Albert（A. L.）Stein］
取得聯繫。他是蒙特利爾市一家小型律師事務所 "斯坦與
斯坦"（Stein and Stein）的創始合夥人。二人很快一致認
為，一旦他們無法找到法裔加拿大律師代理此案，那麼邀
請斯科特參與本案的意義重大。但是首先需要説服斯科特
出庭。斯科特不出庭不取決於訴由是否具有正義性：對於
這一點他已確信無疑。他不願出庭的理由，更多是出於技
術上與專業上的考慮。他從未參加過法庭訴訟。雖説曾接
到魁北克律師協會的邀請，但他已無法記起自己是否已付
清會費。儘管如此，當他知悉可以得到賠償的原則後，便
決定參與此案。斯科特下定決心後，在辦理此案時付出他
一貫的勤奮與智慧。本案成為他參與過僅有的四場訴訟案
件之一。

　　最初的兩次起訴嘗試並沒有取得甚麼實質進展。
第一次起訴控告的是酒類飲料經營許可委員會（Liquor

Licensing Commission）的主席阿爾尚博。但是，由於這
場訴訟的被告是政府官員，必須先得到魁北克首席大法官
的許可（恰巧這人也叫阿爾尚博），但他拒絕簽發許可書。
另一次訴訟，他們選擇起訴整個委員會。不過，這種訴訟
也必須先得到總檢察官的同意。毫無疑問，擔任這一職務
的杜普萊西決不會同意，訴訟又一次流產。然而，這兩次
錯誤的開始證明他們多少還有點運氣。

　　1947 年 6 月 3 日，斯科特和斯坦展開了一場歷時近
12 年才得到結果的訴訟。在一次果敢及具創意的行動下，
榮卡萊利的訴訟理由依據《魁北克民法典》（*Québec Civil
Code*）第 1053 條，被塑造成遭到不法行為（侵權行為或
民事過錯行為）侵害。這便將矛頭直接指向了杜普萊西個
人所具有的行為能力，而避開了從一般意義上起訴魁北克
政府的做法。這種起訴方式在政治上具有明顯優勢，因為
它清楚地向世人證明，榮卡萊利及其律師的興趣同時在於
主張民事權利，並要求賠償金錢損失。在起訴狀中，榮卡
萊利訴稱杜普萊西行為武斷，在沒有法定權力的前提下指
令委員會吊銷自己的執照，要求賠償自己 118,741 加元的
損失。省長的這些舉動，是為了反對榮卡萊利的宗教信仰
而進行的蓄意陷害，也為了刻意報復他自願為“耶和華見
證人”組織的夥伴提供房產擔保。

　　經過一系列由杜普萊西慫恿而作出的程序性動議之
後，本案在 1950 年春季進入審訊程序。高等法院大法官

戈登·麥金農（Justice Gordon Mackinnon）花了近一年時間審理此案。令人意外的是，1951 年 5 月 2 日，他作出了一份有利於榮卡萊利的判決。他嚴厲申訴杜普萊西。在判決意見中，他毫不畏懼地認定，杜普萊西是本案的罪魁禍首，因為他再三地越權干涉酒類飲料經營許可委員會的事務，同時他無法劃清自己與本案的關聯，因為不僅案件牽涉他的個人利益，而且他把一件法律事務（即是頒發酒類飲料經營執照）轉變為一場政治爭鬥。麥金農繼而確定，榮卡萊利的損失總額為 8,123.53 加元，其中 1,123.53 加元用於賠償被委員會沒收酒品的損失；6,000 加元用於補償自 1946 年 12 月 4 日（吊銷酒類飲料經營執照的日子）至 1947 年 5 月 1 日咖啡館停業期間（在正常情況下，此時酒類飲料經營執照已過期）的利益損失；另外的 1,000 加元用於補償榮卡萊利個人聲譽的損失。雖然實際賠償金額相對較少，但是他們卻贏得了巨大的政治資本 —— 杜普萊西輸掉了訴訟，而且其政府的獨裁統治風格也表露無遺。

　　毫無疑問，杜普萊西絕不會就此認輸。他提出上訴。榮卡萊利也提出上訴，要求增加賠償數額以作回應。案件被進一步拖延，近四年之後，他們才等到上訴審判。1956 年 4 月 12 日，王座法院（Court of Queen's Bench）（上訴庭）作出判決。幾位大法官包括比索內特（Justice Bissonnette）、普拉特（Justice Pratte）、凱西（Justice

Casey)、馬蒂諾（Justice Martineau）判定，駁回榮卡萊利的上訴請求。他們認為決定吊銷經營執照的是阿爾尚博，杜普萊西只是提供建議。此外，法官們堅持認為，如果根據《魁北克酒類飲料法案》（*Quebec's Alcoholic Liquor Act*）作出嚴格解釋，那麼委員會沒有義務在法庭上證明其授予或撤銷酒類飲料經營執照決定的依據是否具有合法性。唯一提出異議的大法官是愛德華・藍弗雷（Justice Edouard Rinfret），他在 20 年後擔任魁北克省首席大法官。翌日，杜普萊西解散了國民議會。兩個月之後，他繼續增加民族聯盟黨大多數議席的數量，並贏得了創紀錄的第五次，也是他最後一次的選舉勝利。

以法治原則判案

　　跟其他聯邦內各州的法院不同，加拿大的法院系統具有明顯的統一化及集中化的特徵。儘管各省都具有自己的法院體系，但州內高級法院中的法官全部都由聯邦政府任命。同樣重要的特點是，無論裁判依據的是各省制定的法律還是聯邦制定的法律，所有案件的終審裁判權仍然掌握在加拿大最高法院手中。最高法院位於首都渥太華，由九名法官組成。這些法官的任命書由加拿大總理簽發，但是他（或她）所任命的九名法官，必須根據法律和慣例，由三名來自安大略省、兩名來自西部諸省、一名來自東部諸省，及三名來自魁北克省的法官組成。儘管在審理魁北克地區提交的上訴案件時，來自非魁北克地區的法官會順從魁北克法官的判斷（因為魁北克省具有與普通法傳統不同的民法體系），但在通常情況下，還是會由所有法官對魁北克省提交的上訴案件進行審理，並作出判決。在榮卡萊利訴省長的上訴案件中，這一特點最終具有一些政治意義。

經過更長時間的拖延之後，在 1958 年 6 月初，加拿大最高法院持續五天開庭審理此案。然而，自 1946 年榮卡萊利最初被吊銷經營執照以來，杜普萊西和加拿大最高法院都沒有在魁北克的宗教和政治問題上保持緘默。1951 年，艾美・布歐（Aimé Boucher）在蒙特利爾市散發宣傳冊時被捕，宣傳冊上印着那條令杜普萊西盛怒的話，"魁北克憎恨上帝與基督，自由令全體加拿大人蒙羞。"

最高法院以 5 比 4 的微弱多數票通過判決，拒絕認定布歐犯有煽動誹謗罪，其依據是在運作良好的民主政府中，對政府作出和平形式的批評必須得到保障。1953 年，最高法院接到另一宗因杜普萊西迫害而上訴的案件。被告名為洛里埃・索米爾（Laurier Saumur），因未經官方許可，分發"耶和華見證人"組織的宣傳單，而違反魁北克省的政府條例，曾被捕百餘次。最高法院同樣以 5 比 4 的票數通過判決，撤銷那條深受杜普萊西影響的法例，判決理由是地方自治政府沒有控制宗教的司法權限。雖然這兩次判決並沒有產生決定性意義，也未能廣泛傳播，但是最高法院已經開始對杜普萊西及其政府同盟的舉動發出警告。

　　1957 年 3 月，最高法院終於就《關閉法》的合憲性問題作出判決。在斯威茨曼訴艾爾賓與魁北克總檢察長（*Switzman v. Elbing and A.G. of Québec*）一案中，大法官的其中八名發表聯合聲明，指出魁北克省有關共產主義宣傳的法令（Act Respecting Communistic Propaganda）在性質上等同於"刑法"；這項法令所處置的事務應由聯邦政府享有專屬處置權，因此它超越了憲法賦予省政府的權力範圍，理應被撤銷。大法官蘭德、凱洛克（Justice Kellock），和阿伯特（Justice Abbott）更為激進，他們指出這項法令是對言論自由的無理干涉，而言論自由是加拿大立憲統治民主政體的核心原則。這份判決為榮卡萊利後來提出上訴奠定了基礎，因為在上訴過程中，它表明法院並未受到杜普萊西政府的威脅。大法官羅伯特‧塔什羅（Justice Robert Taschereau）是唯一提出異議的法官，他後來擔任加拿大最高法院首席大法官，還曾被任命為加拿大國家元首─總督，不過他只做了六星期的臨時總督。他以巧妙的方式處理這個法律問題，他支持將該法案看成財產法而非刑法，因此該法案所處理的事務屬於省政府的權力範圍。他的判決強化了許多魁北克人的觀點：最高法院支持此類挑戰法令的行為，與位於渥太華的聯邦政府干涉魁北克省內事務行為的性質差之毫釐。

　　1958 年 6 月的第一個星期，當斯科特和斯坦在渥太華代表榮卡萊利在法庭上展開答辯時，他們還只是略微具有一點勝訴的可能性。那時距最高法院作出裁判還有六個月時間。然而，到 1959 年 1 月 27 日，天氣雖然冷，但榮卡萊利上訴成功。最高法院以 6 比 3 的票數通過判決，判定支持榮卡萊利的訴訟請求，其損失總額為 33,123.53 加元，增加了 25,000 加元，並包括自上次判決確定起和訴訟損失而來的可觀利息。判決的大意清晰、中肯 —— 省長杜普萊西行為不當，在沒有法律依據的情況下，吊銷榮卡萊利的酒類飲料經營執照，依據《民法典》的規定，他有責任賠償損失。首席大法官克爾溫（Chief Justice Kerwin）與其他持贊同觀點的大法官們幾乎完全同意麥金農法官所認定的事實與推理；杜普萊西無權干涉，即使他具有這種權力，他的行為方式也欠妥當。然而，在被後代法學家大加讚賞的一份判決中，大法官伊凡‧蘭德（Justice Ivan Rand）給予了一種更為寬泛的解釋，他引入 "法治原則"（Rule of Law）的概念來證明他反對杜普萊西的裁決。

蘭德於哈佛大學法學院畢業，曾任新布倫瑞克省（New Brunswick）的總檢察長。他在處理勞資關係的案件有豐富經歷。在進入大學之前，他曾在屬地鐵路公司（Intercolonial Railway）工作過五年，後來被聘任為加拿大國家鐵路公司的法律顧問。1943 年 4 月，他接受任命擔任加拿大最高法院大法官。他在最高法院一直待到 1959 年退休。退休後，他成為西安大略大學（Western Ontario University）首任法學院院長。他就榮卡萊利案寫下的判決，是他卸任前的最後幾份判決之一。許多人認為這不僅是他最出色的一份判決，也是加拿大有史以來最經典的判決之一。

與許多言辭浮誇的法官出具的主流判決不同，蘭德判決的行文並不精彩，但是這份判決所表現出的分析能力和法律技藝，建立了一種溫和克制（quiet）而且令人難忘的權威。與布歐案、索米爾案的判決不同，這份判決將杜普萊西的行為放在更廣闊的公共責任框架內進行審視，闡明了民主政府行使權力所必須堅守的界限。立法明確規定了一方絕對不受妨礙的裁量範圍，但僅有這種規定，並不是說行政官員可以隨心所欲、為所欲為：他們必須以合理、節制和善意為原則，履行公共責任。常言道：制定法的目的在於實施，法律權利的運行必須與制定法的本質及目的相一致。杜普萊西的行為之所以觸犯法律，是因為這些行為的理由"完全與在餐廳賣酒無關"。蘭德在一段著名的判決中寫道：

> （杜普萊西的行為）是對法律權力的粗暴濫用，此行為刻意對原告與那項法律所牽涉的範圍完全無關的行為進行處罰，實現了處罰最初設想的目的，擾亂了原告在該省範圍內作為咖啡店老闆的經營生活。在擴張行政行為對經濟活動實施監管範圍的過程中，受到這一過程和結果影響的人並未因此得到賠償或者補償，

這意味着，依法行政的原則，將會被根據公務人員依其武斷的喜好作出的、與法律目的不相關的、超出其職責的指令所代替，這標誌着作為我國立憲結構基本假設的法治原則開始瓦解。

以上所表述的一切似乎都沒有動搖三份存有異議的判決意見。雖然這些法官們各自書寫自己的意見，但是這些意見結合起來都是在表述：縱然杜普萊西的行為不當，但是如果要支持榮卡萊利的上訴請求，那麼仍然存在一個無法超越的程序性障礙。在他們眼中，美中不足的一點是，榮卡萊利的律師沒有依據《魁北克民法典》第 88 條的規定發出通知：所有公務人員都有權在被控訴前一個月接到通知。由於杜普萊西沒有接到這種通知，那麼榮卡萊利提出的任何上訴請求都是無效的。這些大法官們的意見是，因為本案中的大部分人並未充分嚴肅地對待這項先決條件，因此努力主張杜普萊西並未依法行使職權，而是在公器私用的做法是在白費力氣。

法治的狹義與廣義概念

當然，法治是一個含糊的、不明確的概念。以上所說的只是其部分主張。法治的基本理念是，應當依據法律治理社會，而不是根據個別人士的武斷意志治理社會——即主張法治政府，而非人治政府。法治的狹義概念規定，法律是隔離專制與高壓統治的藩籬。作為合法問題（legality）的一個原則，法治的目的在於確保政府以更為有序和可預測的方式運轉，而不是混亂不堪、反覆無常。儘管在民主社會（或任何接近民主的社會）中，對這種理解似乎不會產生異議，然而人們還會針對法治原則提出一種內容更為豐富的理解方式。狹義法治概念在形式上的優點，得到了對民主正義概念作出實質性解釋的補充。各種政治原則和道德原則被看成是法治原則中必不可少的組成部分。正如布歇案和索米爾案所表明的，這些組成部分包括言論自由、集會自由及其他反抗專橫國家權力的個人權利。不用說，這種對法治原則更寬泛的理解所要求的內容，要比那種狹義理解更具競爭力。雖然如此，它並不阻止法院推動法律融入那種內容更寬泛的法治版本。

在過去半世紀或更長的時間裏，榮卡萊利案的判決成為加拿大行政法和憲法制度發展史上一個基礎組成部分。這樣的評價至今也不過時，雖然政府由民主選舉產生，但是政府必須依法辦事；政府不得以純粹政治的或肆意的方式行使權力。首先，政府的行政分支，不僅包括與杜普萊西一樣的領導官員和公選官員，還包括政府各個部門、專業行政機關（agencies）、行政裁判處（tribunals）等整個官僚政府，都必須在法律授予的許可權框架內行動。在框架頂端，法院逐漸制定出一套行政法，它要求公務人員必須正當合理地行使權力。正是這樣，法治已成為用於控制

公共權力的行使、在選舉活動中展示公共權力問責的主要
工具。

　　法治原則不僅僅是行政法的基礎。儘管明確的立法語
言可以代替法官立法的主體部分，但是在加拿大憲法制度
的發展進程中，法治原則已經作為憲法制度的重要組成部
分在發揮作用。在一系列的判決中，加拿大最高法院判
定，法治原則對行使行政行為以及行政權力本身都設置了
各種明確界限。儘管還不能完全限定其精確範圍，但是法
院十分清楚地知道，自身的責任不會因一次簡單的立法活
動而被撤銷或規避（finessed）。因為憲法制度是由許多
不成文原則和成文規則所構成的，所以法治原則能夠發揮
重要作用。自 1982 年，《權利與自由憲章》（*Charter of
Rights and Freedoms*）在憲法意義上被牢固確立以來，
這一概念一直都穩定如昔。

　　在 1998 年發生的一宗案件中，案件判決最權威地展
示了法治原則的憲法地位。本案仍然牽涉魁北克省。在
本案中，法院必須作出裁斷，魁北克省在何種條件和環
境下可以脫離加拿大獨立。在這個令人煩亂的政治問題
上，最高法院頒佈《關於分裂的意見書》（*Re Secession
Reference*），並借機為公民上了一堂憲法課。最高法院將
憲法比喻成一牀碩大無朋的承諾之被 —— 這些彼此之間相
互影響、相互制約的承諾包括民主、主權、自決、聯邦主
義和法治。通過這個比喻，法院一致認為，"不得利用民主

原則抵制法治原則"。然而，這些法官們對於討論這樣一個疑問仍然有點不情不願：在特定情況下，法治原則作為一項"極為精緻的"憲法原則，究竟意味着甚麼，同時，受害公民是否可以利用它來進行攻擊和防禦。他們只滿足於強調："立憲主義與法治原則跟民主政體之間並無衝突，相反，二者對於民主政體而言不可或缺。"

許多人認為，利用法治原則管控出現異常行為的政府，正像針對獨裁杜普萊西的戰後魁北克政府那樣，將會成為一個典型事例，證明法院十分重要，甚至說法院是憲法制度中必不可少的角色。然而，司法頻繁依靠法治原則管理民選政府的做法，可能會產生一些問題。要知道，作為行政法和憲法制度的組成部分，法治原則的發展已經由法院創造性地控制了。而現有一個迫切需要解答的問題是，如果法官們能決定哪些行為可以算作政府違背法治原則的行為，那麼為甚麼他們的決定應當比那些民選官員自己的決定優先。如果法治原則堅決支持法治政府而拒絕人治政府，那麼甚麼原因決定司法人員的觀點比其他人，特別是由民眾選出的那部分人的觀點更能被接受？這個傷腦筋的問題，常常出現在憲法制度發展的進程之中，而且時常激勵着憲法制度的發展（參見第 5 章更多的討論）。當法治原則被賦予並被堅持其廣義概念的時候，這種質疑尤其尖銳。

榮卡萊利案本身就是一個絕佳的例子。對於杜普萊西

的行為是否完全出於武斷、不可原諒，任何一位特定法官
無論持甚麼樣的觀點，都要面對一個棘手問題：應當如何
處理忽視通知條款的行為。我們要記住，大法官塔什羅指
責其他持多數意見的法官，他們處理這一法定條件的方式
不能令人信服。雖然沒有以法治原則為框架擬定判決，但
是如果寬容地重新審視他的判決，那麼這份判決可以被看
作對那些持多數意見法官們的一種挖苦之舉，因為他們滔
滔不絕地談論高等原則和法治原則，然而為了方便表達自
己對杜普萊西行為的實質性不滿，他們卻不理智地迴避了
一條明確而有效的法律條款。正是這些法官本身，嚴重違
背那條他們賴以為憑逼使杜普萊西服從的法治原則：他們
的行為背後表現出他們對於那些既定合法性原則的態度過
於隨便。總之，那不像是法律統治的政府，更像是司法官
員管轄的政府。

最後值得關注的一點是，在這所謂的四大名案中，即
布歇案、索米爾案、斯威茨曼案和榮卡萊利案，人們完全
可以推測出法官們的派別（divisions）。來自魁北克省、
操法語的法官極少支持多數法官的意見，只在一宗案件中
出現了一位例外的法官。他是斯威茨曼案中的大法官約瑟
夫·福特（Joseph Fauteux）（他的祖父曾任魁北克省省
長）。在其他案件中，四位操法語的法官（包括福特）都提
出過反對意見，而且不難發現，他們都對杜普萊西或者其
政府表示支持。大法官羅伯特·塔什羅（他的父親曾擔任

魁北克省省長），在四宗案件中全部提出反對意見。有趣的
是，大法官道格拉斯・阿伯特（Douglas Abbott）是唯一
能操英法雙語的魁北克省法官，他還擔任過聯邦政府的部
長。在斯威蒂曼案和榮卡萊利案中，他支持多數意見。雖
然無法從這些統計資料中推斷出具有決定意義的結論，但
是這些資料的確表明，個別法官的出身和政治立場與其對
案件作出的法律裁決之間一定存在某種關聯。

魁北克省的新時代

　　1959 年 1 月，當最高法院宣讀判決時，"暢飲"咖啡
館已被吊銷執照超過 12 年之久。咖啡館早已停業，而榮卡
萊利也已經與許多"耶和華見證人"的成員一起移居美國。
22 年之後，也就是 1981 年 9 月 26 日，榮卡萊利在美國
康涅尼格州格羅頓鎮（Groton, Connecticut）與世長辭。
杜普萊西沒他那麼幸運。雖然他在任期內的統治具有歷史
意義，然而他在接到判決之後的第七個月便離開人世。拼
盡全力的生活方式對他的影響很大，就在 1959 年 9 月 7
日，68 歲的杜普萊西在魁北克省謝弗維爾（Schefferville）
的家中突發腦溢血死亡。他的死亡標誌着一個時代的結
束。在他死後的第二年，自由黨（The Liberals）在選舉
中大獲全勝，並悄然開展了一場"平靜革命"。他們拋棄了
杜普萊西時期的統治風格與主題，開啟了政府發展的新階
段：魁北克省開始轉向一種現在已然確立的世俗、推動社

會進步的狀態。最高法院就榮卡萊利案及相關案件作出的判決有否促成了這種轉向，或者在多大程度上促成了這種轉向，仍然是歷史爭論中的真實題材。

第 *4* 章

捕獵

權力、財產與佔有

儘管法律和公共輿論之間的關係並不總是親密無間，但是很明顯，二者必須大致處於一種和諧狀態。在普通法傳統看來，以上的說法尤為真切，因為這種傳統是隨時間推移並從社區中發展起來，形成現在這種模樣的。應當說，從歷史上看，普通法起源於人們努力從地方知識與習俗中，提取一套更具綜合性、適用於整個社區的規則。當然，隨着時間發展，法律和已被接受的常識之間有一種相互鞏固、彼此追隨的趨勢。如果法律過分偏離常識，就一定會出現問題；只有法律在深層次上與公共價值觀保持一致，才能繼續存在，受到人們普遍遵守。然而，現實中仍然存在這樣一些至關重要的時刻：社區裏未能達成共識，或者不同羣體之間存在着根深蒂固的意見分歧。

這些頗為陳舊的觀點仍然跟財產（property）和所有權（ownership）等領域高度相關。像“誰發現歸誰，誰丟了倒楣”、“一鳥在手勝於二鳥在林”、“一個人的家就是他的城堡”，人們對這些俗語的理解告訴我們許多有關公共輿論和法律的情況。在這個領域中，法律需要解決的基礎性問題極少，那無非是：能夠擁有甚麼、誰能擁有它、如何能擁有它，以及擁有它意味着甚麼。如此一來，財產法的地位十分重要，權力、商業、社會地位以及公眾道德觀念都要匯聚一起並體現在這部法律之中；這裏可能成為社會標準與預期之間產生衝突的場所。美國以往曾發生過一宗有關獵狐運動的案件，而本案雖然似乎未能與當代社會環境

以及所面對的難題之間產生很大的共鳴，但卻講述並傳達
着一些以上提及的衝突。

關於狐狸的財產權屬糾紛

　　我們如何判定某物歸誰所有？長期以來，這個問題吸
引着自柏拉圖至馬克思以及其後來的幾代哲學家和律師的
注意（偶爾也成為他們發揮想像力的對象）。幾乎在所有
社會裏，都需要決定誰會控制特定資源或實體，並從中得
到益處；這裏指的誰，可以是個人、商業組織、地方集
體、政府，或者是一般意義上的民眾。從最廣義和最抽象
的層面上看，以下這個問題不難回答：一旦一個社會確定
自然物質可以被分割成小塊、被控制、被利用、被轉化成
商品、被繼承、被處置，以及可以作出其他處理，那麼我
們如何進行這些關鍵的初始分配呢？研究財產法的律師就
承擔起這項任務，他們的討論範圍涵蓋所有內容，從土地
以及通過手工業和製造業從土地裏產出的資源，到創造性
意念以至寬頻波段（broadband frequencies）。雖然財產
法領域通常被看作為法律專業裏最具技術性及最為枯燥乏
味的部分，但是它卻可能是其中最具政治意味及最富爭議
性的領域。財產法在一連串複雜的詳細規則和嚴密規章底
下，需要對法定權利、階層和分配正義等方面作出大量的
抉擇。

　　十九世紀初，在現在的漢普頓地區（Hamptons）發生

過一件小事，這件事清晰而直接地展現了上述所有因素的作用。漢普頓地區位於紐約市附近，隸屬長島東部最南端的薩福克郡（Suffolk County）；現在，這片區域已成為富豪與名流的避暑樂園。早些時候，這裏主要是一個農業社區，居民只有幾百人。這一地區的主要城鎮是南安普頓鎮（Southampton），本章所講述的事情就發生在南安普頓旁一個名為布里奇漢普頓（Bridgehampton）的小村莊裏。十七世紀八十年代，當清教徒們（Pilgrims）興建此地時，這裏還是個小漁村。但是現在，這裏着實是愛馬人士的聖地，他們可以在這裏享受馬球帶來的歡愉，舉辦響負盛名的"漢普頓經典馬術表演"（Hamptons Classis Horse Show）。

十八世紀末十九世紀初時，南安普頓的經濟在經歷很長一段時期的慘澹掙扎後，正處於恢復上升期。當地大部分居民由於受到美國革命（American Revolution）的影響，長期生活在貧困之中。在接下來的幾年裏，因為耕地被消耗殆盡，農業生產舉步維艱，而社區居民也需要繳納用來賠償戰爭債務的苛稅。大部分當地居民是加爾文派教徒（Calvinist），奉守勤奮、簡樸生活的新教美德，他們並不把自己遭遇的不幸放在眼裏。然而，一如往常，其中一小部分人通過努力使自己的生活富足起來。其財富的主要來源，包括迅速興起的捕鯨業和在西印度羣島從事爭議雖大但獲益豐厚的蓄奴交易。波斯特家族（the Post family）

是這些商業活動的得益者。

在漢普頓地區，土地使用權一直是人們爭奪的對象。多年以來，英國君主、荷蘭政府、各個部落、土著居民、紐約州以及城鎮居民全都提出過相互衝突的優先權主張。在城鎮公用土地的使用問題上，這些主張之間的衝突尤其激烈，衝突的焦點在於 —— 這些土地應該主要用於傳統的牲畜放牧，還是應該用於新抵居民的娛樂活動？在獵狐運動（foxhunting 或者 fox chasing，後者為美國人更常用的稱呼）被引入長島地區之後不久，這場一觸即發的衝突在 1768 年時瀕臨沸點。

儘管獵狐運動最早可追溯至古希臘、古羅馬時代，但是與這種運動關係最密切的當屬英國。文學家奧斯卡・王爾德（Oscar Wilde）用那難以模仿的筆法，將這種消遣活動描述為“無法言喻的人們奮力追逐着毫無食用價值的生物”（the unspeakable in full pursuit of the uneatable），這是那些擁有大量土地的貴族和渴望攀爬英國社會階梯的人縱情消遣的運動。雖然這種運動作為一種防治有害生物及訓練騎術的形式有其優點，但是無論過去還是現在，在多數情況下它都是一種惹人注目、炫示社會地位的活動；與其象徵意義和儀式價值相比，它的實用價值要小得多。當地農民和其他地主對獵狐運動並不感興趣，這種運動最起碼需要一片田野、幾名身穿鮮紅服裝的騎師和多條精心飼育的獵狐犬。不論狐狸翻過柵欄，淌過溪水，還是穿過溝渠,這些獵狐犬總能偵查並追捕到牠們。用號角控制獵狐犬的人,指揮着整個捕獵過程,他要確保獵狐犬能追蹤狐狸留下的氣味;其他獵狐者在馬上跟隨潛行捕食的獵狐犬們左突右衝。狐狸常常會脫離追捕,而騎師就必須找到新的氣味。但是一旦發現狐狸,騎師通常會放獵狐犬撲上去咬死那隻不幸的獵物。

十八世紀中期,殖民者將獵狐運動引進美國。一些地區也引進歐洲紅狐專門用於獵狐運動。不過,在一些養雞的社區裏,如南安普頓,人們並不願意看到狐狸。事實上,早在 1791 年,南安普頓就曾以每隻 4 先令的價格懸賞殺死狐狸。但是由於狐狸數量太少,並未對他們構成嚴重威脅。與英國相比,美國愛好獵狐的精英人士很少,他們留意追捕過程更甚於殺死狐狸。然而,獵狐運動需要調動相當多的資源(如馬、獵狐犬),而對於這一點很少人能夠負擔得起。總統喬治・華盛頓(George Washington)和湯瑪斯・傑弗遜(Thomas Jefferson)是早期兩位值得注意的獵狐者,兩人都飼養了一羣獵狐犬。這種獵狐傳統一直延續到傑基・甘迺迪(Jackie Kennedy)和朗奴・列根(Ronald Reagan)的時代,他們都是身手敏捷的騎師,偶爾會參加短途的獵狐運動。當然,在十九世紀早期,騎師們認為自己可以毫無拘束地嬉戲,不顧土地所有權的界限,自由穿梭於郊外。

1800 年夏天,洛多威克・波斯特(Lodowick Post)

與當地幾個朋友一起，帶着獵犬，騎馬外出獵狐。他來自
荷蘭後裔的家庭，父親叫南森・波斯特（Nathan Post），
是剛剛定居下來的社區成員。老波斯特受教育程度不高，
出身卑微，白手興家，在西印度群島的海上貿易中賺了
一大筆錢。然而，由於他粗暴無禮和飛揚跋扈的脾性，鄰
居們並不歡迎他。波斯特全家被認為是令人生厭的暴發戶
代表，他們過着自以為是、富麗豪華的生活。他們的生活
作風，與本地大部分居民節儉、禁慾的生活取向形成鮮明
的對比。在這樣的社會背景下，社區居民認為，洛多威克
決定開展獵狐運動就是要向他們炫耀其不得人心的奢靡生
活，這更加惡化了鄰居對波斯特一家的看法。

　　其中一位鄰居是本地居民傑西・皮爾遜（Jesse
Pierson）[1]。他是位頗受好評的年輕教師。他的家族是南安
普頓社區的堅定支持者，那是受過良好教育的鄉紳。他的
父親大衛・皮爾遜（David Pierson），是一名堅定的加爾
文教教徒，也是革命戰爭時期的英雄。他的基誌銘刻着"這
是一位意志頑強、性格堅定、正直嚴謹的傑出人士"，他曾
多次被推選為社區柵欄看護人，負責正確安置與適時維護
社區柵欄。因此，正派的皮爾遜家族討厭自命不凡的波斯
特家族這點絲毫不會令人感到奇怪。因獵狐運動為開端引

1　對於他究竟應該叫 Pierson 還是 Peirson 的爭論很多。我採用了 Pierson，因為在公
　　佈的案件報告中採用了這個名字。

發的一連串緊張刺激的事件，只是促使兩個家族後輩藉以擔當起各自可預期的角色而已。

　　洛多威克‧波斯特及其全體參賽者嗅到了一隻狐狸的蹤跡，隨後他們大聲追趕，沿着海灘窮追不捨。對於接下來發生的事實，爭議不斷，模糊不明。洛多威克一口咬定，他正在海灘上追趕狐狸，而傑西‧皮爾遜突然出現，射殺狐狸並攜着狐屍逃離現場；很明顯，傑西完全知道這隻狐狸是洛多威克正在追捕的那隻。傑西的講述與他不同。他正走在從學校回家的路上，一隻狐狸從海灘逃進一口離海岸不遠、在彼得池塘（Peter's Pond）附近的老舊水井。他承認自己殺死並帶走了狐屍，但是他認為自己沒有做錯任何事。

　　與法律有關的一個重要分歧點，不是殺死狐狸的地點，而是該地點在法律上的地位。洛多威克堅決認為，事情發生時他正在一片“荒蕪的、無人居住的、無人佔有的土地上”，他完全有權聲稱對那隻狐狸的所有權。然而，傑西的講述表明，他的殺狐行為發生在公共土地上，這片土地是皮爾遜家族及其他人用來放養牲畜的地方。雖然皮爾遜家族對這片土地沒有所有權，但是作為南安普頓最初的定居者和當地農民，他們有權使用土地。最為關鍵的是，波斯特家族無此權利。當傑西拒絕洛多威克提出歸還狐屍的要求的那刻，促使這宗地方糾紛從海岸或池塘轉移到法院的所有條件都已齊備了。

　　雖然從字面上看，本案是一宗主張狐屍所有權的瑣碎爭議，但實際上案件背後的賭注卻大得多。這既是父輩也是兒輩之間的衝突，這場衝突體現着正在財產權領域以及社會地位兩方面出現的深層分化。如果皮爾遜家族決意捍衛自己在布里奇漢普頓公共牧場耕作的權利，並確保這種權利會優先於其他人的娛樂權利，那麼波斯特家族的意圖也在於證明，他們同樣完全是布里奇漢普頓社區的成員，他們的各項活動理應得到法律的平等保障。這一經典的衝突成為一場既具法律意義又具社會意義的對抗，它是英國人與荷蘭人、農民與商人、祖傳財產（old money）與新生財富（new money）之間的對抗。

佔有與財產權的關係

　　儘管原被告雙方各自提出理由供法庭考慮，然而本案最終成了解釋以下問題的入門教材：甚麼可以算作法律上的佔有（possession），如何將這種佔有與所有權（ownership）的概念聯繫起來——誰擁有那隻狐狸？誰有權殺死牠？也許會令許多人驚訝的是，法院認定此案無先例可循，即沒有實際令人信服的美國先例和英國先例。現實中曾經發生過一些涉及狩獵獎金和土地爭執的慣常糾紛，但是這些糾紛通常都在庭外解決了，因為隨着訴訟而來的金錢成本與時間成本高得令人望而卻步。雖然洛多威克訴訟要求賠償因狐屍被奪的損失，但是波斯特家族的真正目的是要追究傑西干擾捕獵的行為。

1802 年 12 月 10 日，案件開庭審理。雖然事情發生在薩福克郡，但是為了避免當地偏見的干擾，第一次審訊在昆斯郡（Queens）的司法法院（Justice Court）進行。治安法官（The justice of the peace，或譯"太平紳士"）約翰·福德姆（John N. Fordham）是南安普頓居民，所以審訊就似在家鄉發生一樣。洛多威克和傑西都出席審訊自辯。在簡短的聽審之後，由六個人組成的陪審團認定波斯特家族獲勝。洛多威克在訴狀中要求賠償 25 美元（即現在大約 500 美元），法庭最終卻判定被告只獲賠償 0.75 美元，另外支付 5 美元的訴訟費用。由於本案的結果對當事人雙方的家族及鄰居意義重大，他們一反常態將這宗微不足道的案件上訴到紐約州最高法院；上訴花費的訴訟成本遠遠超過了那隻狐狸的價值。

上訴聆訊在三年之後才開始。傑西和洛多威克毫不吝嗇地分別委託了兩位著名律師出任代理人，這種舉動進一步證明本案的處理結果對兩個家族乃至更大範圍的社區而言意義非凡。傑西的代理律師是南森·桑福德（Nathan Sanford），一位天賦極高的辯護律師，於 1802年開始擔任美國破產委員會特派員（commissioner of bankruptcy），他曾參考涉及財產的各種古今學說反覆質問法院的判斷。洛多威克這邊的律師則是大衛·卡德瓦拉德·科爾登（David Cadwallader Colden），出身特權家庭，十八世紀八十年代中期曾留學倫敦。他是一個鐵桿子親英派，在紐約市開始執業，後來還擔任過該市市長。與南森・波斯特（1803 年 10 月辭世）一樣，他沉迷航海運動和海上生活。雙方律師均幹勁十足，能言善辯，堅持各自的訴訟主張，極力迎合當事人的喜好。

　　法官直到 1805 年 8 月才作出上訴判決（那隻狐狸或狐屍早已不存在了）。上訴審理法院是紐約州最高法院，由於該法院離紐約市還有相當距離，因此洛多威克和傑西都沒有與律師同行參加審訊。那時，紐約州的各級法院在州級法院中處於領導地位。那裏的法官們自詡具有創製普通法的責任，要建立一套能適應美國社會環境的法律傳統；這套傳統不能簡單模仿英國普通法。與英國標準做法的重要差異體現在，他們並不以威廉・布萊克斯通（William Blackstone）的權威著作《英國法釋義》（*Commentaries on the Laws of England*）為引據，而該書尤其支持"通過現實佔有狀態判斷野生動物的佔有關係"（possession of wild animals by occupancy）這條原則。然而，這宗上訴案最重要的特點是，法院假定那隻狐狸是在海岸上被殺，那是一片"荒棄的、無人居住的土地"，不屬於公共土地的範圍。

　　州最高法院以 2 比 1 的投票結果推翻了初審判決，作出有利於傑西・皮爾遜的裁判：他獲判總數為 121.37 美元的賠償（但並未講明賠償何種損失）。領導的判決意見由聯席大法官（Associate Justice）丹尼爾·湯普金斯（Daniel Tompkins）執筆。1801 年，年僅 30 歲的湯普金斯剛剛開始司法職業不久，便接受任命擔任法官。後來他成長為一位非常出色的政治家，1807 年擔任紐約州州長，1817 年成為美國副總統。他出身農民家庭，毫不掩飾自己曾是個"身份卑微的農村男孩"；這一點不可能對傑西的訴訟產生不利影響。湯普金斯曾在哥倫比亞大學（Columbia University）畢業典禮上代表班級致辭，他曾多次聆聽詹姆斯·肯特（James Kent）的課，並深受其影響。肯特也是共同審理傑西上訴案的法官，他支持湯普金斯的意見。肯特是一位經驗更豐富的法官，他於 1804 年開始擔任首席大法官（Chief Justice）。此時距離《美國法釋義》（*Commentaries on American Law*）的出版雖然還有 20 年時間（他這本書後來成為那段時期影響力最大的法學名著），但是他的法律理念此時已經形成並開始傳播。在後來出版的《美國法釋義》中，他強烈支持先佔（first possession）原則，並引用皮爾遜案作為權威判例以證明這條原則。

在判決中，湯普金斯法官花了很長的篇幅討論原則與政策，卻只花了簡短的篇幅說明法律先例。他大量引述學術文獻，從古羅馬的優士丁尼（Justinian）到德國的普芬道夫（Puffendorf）和英國的布萊克頓（Bracton），目的是證明這樣一種觀點："狐狸是一種野生動物（*ferae naturae*），只能通過事實佔有（occupancy）獲得對此類動物的財產權。"雖然他並未進一步主張必須通過事實上的直接佔有（physical possession）才能取得財產權，但是他的確認為"不能僅僅根據追逐的事實就認定獵人擁有財產或享有權利；而且只要獵人沒有事實上直接佔有獵物，即使在追捕中他成功射傷獵物，也不會因此而取得財產"。為了確立一條與上述內容一樣清晰易懂的規則，湯普金斯總結指出，在這樣的情況下，法律上的佔有是認定所有權的決定因素，由此反觀洛多威克當時的行為，他只是看到那隻狐狸，並沒有佔有牠，因此他並不享有所有權。雖然獵狐運動是一項對社會有益的活動，而傑西的行為方式"既不禮貌也不友善"，但是他殺死了狐狸並佔有狐屍，因而成為狐屍的合法所有人。

　　（亨利）布羅克霍斯特・利文斯通（Brockholst Livingston）提出反對意見。他出身於富裕而有權勢的家庭，在紐約州北部擁有 50 萬畝土地。年輕時，他曾遭遇暗殺，但僥倖活了下來，並且在隨後的一場決鬥中孤身殺死一個對手。他娶了三位夫人，育有 11 個兒女。利文斯通與後來成為總統的詹姆斯・麥迪遜（James Madison）是同班同學，而他還是位多產的法官，在四年裏他書寫過 140 餘篇法官意見。在皮爾遜案判決下達一年以後，他被任命為美國最高法院的法官。他的兩個遠房總統表親 —— 喬治・布殊（George Bush）及喬治・W・布殊（George W. Bush）表明，他的家族王朝在政治上具有持久的影響力。

利文斯通的判決意見話中有話。他嘲笑湯普金斯依賴學術文獻證明觀點的做法，認為這種爭議應該根據"運動員仲裁規則"和"現存的習慣做法"作出判斷。他將那隻狐狸說成是"全民公敵"（*hostem humani generis*），將傑西說成是"鹵莽的闖入者"。他同樣熱切地想要確立獨特的美國式規則，為此他堅決指出，那些與洛多威克一樣的人們，以消滅對社區確實有害的動物為己任，投入自己的私人財富（如飼養的馬匹、繁殖獵狐犬）實現上述目的，他們有資格從其付出的努力中獲益。當然，與那些和傑西一樣"在追捕中既無功勞也無苦勞，……（而且可能還）耀武揚威地奪走追捕對象的人"相比，獵狐者們應當享有優先權。因此，他認為追捕行為本身足以推定洛多威克佔有（constructive possession）那隻狐狸的事實，不必要求事實上的直接佔有。

本案就此結束。毫無疑問，皮爾遜家族感到他們在爭論中獲勝。而波斯特家族也未從法庭上空手而歸。他們雖然失去了那隻狐狸，但仍然可以自由地開展獵狐運動。當下，世界上的傑伊·蓋茨比們（Jay Gatsbys）和卡麗·布拉德肖們（Carrie Bradshaws）[兩者因電視劇集《色慾都市》（*Sex and the City*）而聞名]，早就令人信服地贏得了類似漢普頓區農民與新遷入富人之間的較量。但是，本案的重要意義遠遠超越了對南安普頓周邊地區的影響。

紐約的各級法院逐漸放棄了根據同意和自然權利等虛構理念，對財產權利作出過於抽象的解釋，改為以一種非常實用的方式說明獲得對無主物件的所有權究竟意味着甚麼。這種解釋令後世的法官和法學家釐清了直接佔有理念的內涵，即直接佔有是獲得財產的起點，是證明所有權存在、達到法律最低要求的充分證據（*prima facie* evidence）。

直接佔有與所有權的爭議

在皮爾遜訴波斯特案（*Pierson v. Post*）之後的兩個世紀裏，兩種理念相互競爭，它們彼此之間的緊張關係一直影響着推動法律發展的各種努力。其中一種理念稱為意圖佔有（*animus possidendi*），這種理念認可那些對爭議財產表現出強烈佔有慾望的人所提出的主張。另外一種是事實佔有（*factum possidendi*）的理念，認可那些事實上直接佔有財產的人所提出的主張。當了解到法律不肯改進並確定任何統一或簡單的公式來明確佔有狀態時，許多人都將感到沮喪。事實上，各級法院故意保留這些規則的模糊性，是因為何種行為可以算作一種有效、通常是所有權標誌的佔有行為，就需要依據手邊現成的證據作出符合情境的判斷來決定。然而在現實中，確定所有權的最基本依據是對物件的佔有多於非佔有。

在多數情況下，人們並不需要法院確定所有權的絕對歸屬。相反，人們要求法院查明雙方當事人在財產上享有相關權利（title）的事實；如果法院查明一方當事人的佔有比另一方當事人的佔有具備更恰當的權利基礎，那麼不論這方當事人是否享有最終所有權，他的佔有就是有效佔有。人們比較喜歡採用皮爾遜式的規則："時間在先，權利在先"（first in, first in right），因為它可以有效幫助人們定立各種財產權利的優先次序。這種方法看起來是用來解決更易於掌握的暫時佔有問題，而不是對所有權的抽象查問。因此，在其他條件都相同的情況下（或者律師常用的 *ceteris paribus*），法律依據獲得權利的時間來分配財產上的各種權利；時間上第一個佔有財產的人享有最優先的權利。當然，這並不意味着，現時的直接佔有毫無例外地會比依據先前佔有而提出的聲請都要優越。

對於美國當局，皮爾遜案仍是確定野生動物所有權歸屬訴訟的指導案例。如果一個人要在佔有野生動物的基礎上確立一項法律權利，那麼這隻動物必須已經喪失了在大自然自由行動的能力，而且確定無疑是處於他的控制之下；牠不可能脫離那種控制。例如，1844 年在英國發生了一宗案件，法院判定一羣鯖魚的所有權不屬於那個追蹤發現這羣魚並用漁網將魚圍在特定區域的那個漁民，而是屬於後來穿過這個區域並實際抓住那羣魚的那幫漁民。同樣在 1844 年，加拿大紐芬蘭（Newfoundland）地區發生了一宗狩獵海豹的案件。狩獵者在捕殺的海豹上做好標記向他人表明佔有關係，但這樣的做法並不充分：第一個獵殺海豹的人必須守在海豹屍體附近，以便在與另一主張佔有的人的爭奪中佔得先機。除非動物有去而復返的習性（如蜜蜂、鴿子），否則一旦動物逃走，他便喪失所有權。當然，這些規定並不適用於寵物，因為寵物是其所有者的財產。

　　然而，還存在另外一些案件，當中法院拒絕授予那些直接控制人具有佔有資格。相反，法院會更加注重利文斯通法官在皮爾遜案中所提出的反對意見，即在確認所有權時，應當考慮地方習俗和成例；他那時據理力爭，認為支持傑西訴求的判決必將違背長島地區獵人之間的習俗。例如，1881 年，麻塞諸塞州（Massachusetts）發生了這樣一宗案件：法院認為佔有擱淺鯨魚的不是在海灘上發現鯨魚的人，而是幾天前已經捕到鯨魚，正等待退潮後鯨魚露出水面的捕獵者；這種判決更能體現當地習俗，而人們認為這種習俗是保證捕鯨業能夠獲益的關鍵。然而，只有當整個行業都認可這種做法，而且從業人士通常都遵守並贊同這種做法時，習俗才會流行起來。這意味着不符合皮爾遜佔有規則的習俗，僅僅在一些有限的情況下才得以運用。

　　當下，爭奪野生動物所有權的案件，已不再是法律爭議及法院判決的重點。即使是這樣，法院往往還是堅守這條佔有規則。原告要成功取得權利就必須證明，他或她已經盡量採取適合爭議財產的特性和周邊環境的多種方法，以對其實施控制。例如，如果要確定一隻丟失手鐲的佔有歸屬，那麼在機場候機大廳的環境下與在沉入海底的失事船舶的情況相比，前者所需要的控制程度要明顯大於後者。1958 年，在英國發生的一宗案件中，法院普遍堅決認為，即使發現上鎖盒子的人不知道盒子裏面究竟有甚麼物品，也應認定他或她具備佔有盒子內部物品的意圖。同樣，即使土地所有者不知道他的土地上有甚麼物品，法院也會假定他佔有土地上的一切。

至於如石油、水、礦產等天然資源，以下的規則仍然被看作是普通法的一部分：第一個從油池中開採生產石油的鑽井者佔有石油，不論這灘油池遍佈於不同所有者的土地之下，而且這種行為有可能完全抽乾他人土地裏的石油。這種規定已經引發很多爭議，而且通常情況下，地方成文法會被用來規範定量開採並處理欠效率的過度開採活動。在河邊居民的權利方面，法律規定河邊土地的所有權人具有合理利用河水與湖泊的權利。當水流不足以滿足全部所有權人的需要時，法律通常會根據所有權人所擁有的臨河地長度比例來進行分配；也有一些用於規範排放物質到河水中的特殊規則。河邊居民還有權為了娛樂、設置碼頭、引導航行等目的使用水域。

隨着社會生活日益複雜而精細，所有權越來越有價值，人們更樂意將越來越多的物品認定為財產，從而能夠擁有這些物品。在確定某些事物不得成為財產（如奴隸、妻子）的同時，出現了幾宗涉及基因改良種子乃至實驗室白老鼠的著名案件。除了不動產（包括所有與土地相關的權利）外，各種不同的個人財產被劃分為所謂的有形財產（如傢具、自行車，當然還有動物）和無形財產（如專利權、金融票據、著作權）。在這些情況中，人們一般通過創造行為（creation）而取得財產權利；這樣便會在各種對抗性的主張之間產生實際競爭。最近，越來越多的案件是關於軟件程式、音樂樣本、檔案共用方面的爭奪。為了避免直接佔有所引發的問題，政府引進了一整套知識產權管理體系。雖然有一套集中登記方案，但是在專利權和商標權的權利客體、權利主體、誰有權擁有以及權利實施方式等方面，法律仍然設置了許多限制性規定。

　　即使人們可以在任何一件財產上設立所有權，但這不等於說，那些與之相伴隨的各種權利都是絕對或不受任何條件影響的。財產所有人並不能在任何時候都毫無拘束地利用財產為所欲為。最貼切的說法，是財產法正創造一系列人與物之間的關係；它創造了大量權利，以使一部分人能夠在某種環境下、在某些時間點，及在某些條件下行使這些權利。此外，財產法還規定不同權利人之間的相對優先權和執行權。即使在涉及不動產所有權時，所有權人也不能要求他們的利益和慾望總是優先於其他人的利益；一整套法典、規章、規則和傳統限制着所有權人的自由與權利。在一些地區內，只要沒有立起"禁止闖入"的標識牌，司法部門仍然允許人們在沒有封閉的土地上狩獵。人們的住所很少成為他們自己的城堡或狩獵地。

雖然沒有直截了當地承認，但是皮爾遜案暗示着，佔有乃至所有權並沒有創設一套黑白分明的固有權利。相反，法律上的佔有最好被看成是一個內涵既豐富多彩又十分模糊的動態過程，在這個過程中，通過佔有所獲得的權利內容和權利範圍是基本元素，而佔有的效果將會因時間和環境的不同而改變。在當今社會，一件物品究竟屬於世上的傑西家族還是洛多威克家族，法院不會止步於查明這種事實，而是會把這種事實當作裁判過程的一個節點。在查明佔有或所有權的事實之後，接下來會發生甚麼事情才是最緊迫的問題 —— 你能用那隻狐狸和在當代與牠地位相當的物品為所欲為嗎？

現今對財產法的理解

二百多年後，仍有一些匪夷所思的事件考驗我們對財產法的理解。一個很好的例子發生在流行的棒球運動中，這個例子與精英人士迷戀的獵狐運動大相徑庭。2001 年賽季，三藩市巨人棒球隊的巴里・邦茲（Barry Bonds）在太平洋貝爾球場（Pac Bell Park）的右面看台打出了他創紀錄的 73 記本壘打，球迷亞歷克斯・波波夫（Alex Popov）帶着棒球手套，最先接到那個球。一陣混亂之後，另一名球迷派翠克・林（Patrick Hayashi）拿到了球。離開球場後，林把球帶來並放進了保險櫃。事後，波波夫得知球的價值不菲，便將林告上法庭，請求判定自己是球的所有人，因為自己最先接到了那個球。凱文・麥卡錫法官（Judge Kevin McCarthy）就此案作出判決，人們對其中所表現出的所羅門式智慧褒貶不一。他堅決認為，雖然那個球最初屬於職業棒球大聯盟（Major League Baseball）所有，但是當球離開賽場後，球完全被拋棄，處於無人佔有的狀態。然而，波波夫只是瞬間抓住球，因此，他沒有充分地佔有球，實現對那個球的直接控制。因此，該判決與皮爾遜案的判決之間發生重要轉折，他認定林毫無疑問地佔有此球，因而也是此球的合法所有人。

但是，麥卡錫法官並沒有到此為止。為了防止林在"露天看台"上的行為發展成為破壞社會秩序的行為，他判定波波夫與林都能從球的買賣中分得一半利益；所有權不再是一個非此即彼的問題。那個球最終以令人震驚的45萬美元拍出，得主是漫畫作家陶德・麥克法蘭（Todd McFarlane）。傑西和洛多威克（還有那隻狐狸）毫無疑問都會在墓穴中輾轉反側，難以安息。

第 5 章

布朗案的陰影

憲法的精神宣洩

聚焦法律或者圍繞法律展開的爭議很多。正如偉大案件所示，其中一些很有見地的討論就在法院發生，這些討論關注的是，應當通過何種方式促進法律與公共政策的發展與成長。雖然意見交換是法律運作過程中十分重要的向度，然而更加重要的爭論，可能是現實中牽涉塑造法律與公共政策的法院所扮演的合法角色。誠然，在許多人眼中，法院這種創新的職能與政治上所理解的法院功能相抵觸，因為在各種以民主政治而自豪的社會裏，法官的職責是適用法律，而不是大量地創造法律。在憲法領域裏尤應如此，因為即使由政府司法分支作出判決，也不能倉促、輕易地（如可能）改變憲法制定體制與憲法執行體制。另外一些人為法院辯護，認為法院是民主政府必不可少的夥伴；法官們絕不會屈從於政治上的權宜之計，而是會在慎重思考、謹慎決定的過程中捍衛原則。

這場爭論涉及司法權的界限以及正確使用司法權的方法等基礎性問題，而在這些問題上，發生在美國的爭論比世界上任何地方的爭論都更為激烈與尖銳。從美國最高法院的判決來看，為了履行制度賦予的職責，九位大法官審查裁判風格與裁判方法的細緻程度，絕不比檢查個別判決實質內容的低。他們不僅必須盡力解決遇到的各種難題，還要保證其處理方式能夠博得觀察者與評論家的一致贊同。在法院處理種族和種族歧視案件的過程中，這件苦差表現得淋漓盡致，或者說令人筋疲力盡。布朗案是最高法院審理過最具爭議也最為著名的案件之一；本案是聞名世界的一次司法嘗試（judicial shot）。一些持反對意見的人仍將本案當作實現"恰當"憲法判決合法手段的一塊試金石。

種族爭議被帶上法庭

琳達·布朗（Linda Brown）年僅八歲，在堪薩斯州的托皮卡（Topeka, Kansas）就讀小學三年級。她與父母和妹妹住在肖尼鎮（Shawnee County）。琳達的父親是聖菲鐵路公司（Santa Fe Railroad）的員工，還是當地聖約翰衛理聖公會教堂（St. John Methodist Episcopal Church）裏的兼任助理牧師。琳達常常步行回校。薩姆納小學（Sumner Elementary）離她家只有七個街區的路程。然而，琳達卻不得不步行穿過一個鐵路調車場，或者偶爾乘公共汽車到離她家一英里多、達 21 個街區路程的門羅小學（Monroe Elementary）上課。由於她是黑人，無權在薩姆納小學就讀，唯有在種族隔離的門羅小學上課。頗具諷刺意味的是，薩姆納小學是以著名的廢奴主義者查理斯·薩姆納（Charles Summer）的名字命名的。

二十世紀中期的美國，有關種族與教育之間關係的爭議極大。特別是在南部各州，種族隔離是公認的生活現實。然而自從那時起，事情開始出現轉機。比方說，那時的美國南部雖然有 17 個州授予地方實施種族隔離的權力，並有其他四個州要求地方校區強制實施種族隔離，但卻有

16 個州實際上禁止實施種族隔離。堪薩斯州（在這裏，非
裔美國人的人口數佔總數 8%）存在種族隔離現象，但情
況並不普遍。這裏容許黑人加入一些白人的市民組織，而
且並沒有強迫他們坐在公共汽車的後排位置。鬧市區的絕
大多數公共設施實際上都存在着種族隔離現象，雖然法律
沒有作出強行規定。中學階段，種族之間並未分校，但是
他們會分開來舉辦體育、舞會之類的課餘活動，同時，在
老師們（多數為白人）的監督下，學校裏實施着一種非正
式的種族隔離體系。雖然小學階段實施種族分校，但托皮
卡校區與其他許多校區不同，並未出現資助基金投入不均
的情況。

　　當然，人們對這些做法曾提出一些強烈而連續不斷的
質疑。鬥爭過程中，出現了許多著名、令人印象深刻的組
織，美國全國有色人種協進會（National Association for
the Advancement of Colored People，縮寫為 NAACP）
便是其中之一。這個為了爭取混種人（biracial）權益的
組織於 1909 年成立，領導者是傳奇人物非裔美國人杜波
依斯（W. E. B. DuBois），該組織的宗旨就是要消除種族
歧視；該組織直至今日仍然具有很強的影響力。二十世
紀三十年代，畢業於哈佛大學的查理・漢密爾頓・休斯
頓（Charles Hamilton Houston）律師，就曾領導該協進
會開展過一場全國性運動，挑戰公立教育領域種族分校的
做法；1929 年時，他擔任黑人學府霍華德大學（Howard

University）法學院的院長，被稱作"廢掉吉姆·克勞法（*Jim Crow*，美國種族隔離法）的人"。休斯頓與幾位傑出的青年律師一起發動過幾場訴訟，他希望通過這些訴訟證明：1896 年，最高法院在普萊塞訴弗格森案（*Plessy v. Ferguson*）的判決（支持設置種族隔離的火車車廂）中，對憲法第十四修正案（Fourteenth Amendment）規定的平等保護原則作出的"隔離但平等"（separate-but-equal）的解釋有欠妥當。

第二次世界大戰之後，向反對歧視的推動力日益高漲。儘管南部出現激烈抵抗，但民權運動已經開始取得實質性進展。值得注意的是，民權運動得到了哈里·杜魯門（Harry Truman）總統領導的政府的大力支持。杜魯門總統曾簽發一項在軍隊中禁止種族隔離及在政府中實施平等就業的行政命令。雖然協進會的律師屢遭打擊，特別是在田納西州（Tennessee）與路易斯安那州（Louisiana）的行動，但是他們針對學校種族隔離制度提出的訴訟卻進展順利，而且還收到了不少實效。截至 1952 年，協進會在全國範圍內發起了 38 場民權訴訟，其中 34 場勝訴；協進會的成員規模也增長到約 50 萬人。然而，琳達在 1950 年步行回校時，並不知道自己將在種族分校制度與種族歧視的對抗運動中，成為一個國際上及歷史上的標誌性人物。

從 1950 年開始，在麥金利·伯內特（McKinley Burnett）（目前該學校委員會的辦公樓就用他的名字命名

以示紀念）的領導下，協進會托皮卡分會將矛頭指向 1879
年堪薩斯州政府頒佈的一部法律上。這部法律容許人口在
15,000 人以上的城市維持所謂"黑鬼"（Negro）學生與
白人學生的分校設施。他們在當地開展了幾輪上門宣傳活
動，隨後找出 13 名家長組成家長團，作為 20 個孩子的
代理人，提出訴訟。按原定計劃，為了終止公立學校的種
族分校制度，他們將在堪薩斯州提出多場訴訟，本案理應
是第 12 場。琳達的父親奧利弗・布朗（Oliver Brown）
並不是被指定的第一批原告；第一批原告中的達琳・布朗
（Darlene Brown）與本案無關，她所以能入選只是由於她
的名字在字母表排得前一些。但是協進會認為，從策略上
看，由來自完整核心家庭的男性家長出任第一原告，要比
單親母親出任第一原告更有助實現預定目標。雖然這種做
法很容易理解，但是同時也說明，對抗種族主義的需要比
對抗一目了然的性別歧視更為迫切。

　　1950 年秋天，奧利弗・布朗接到指示，同意在附近的
白人學校薩姆納小學，為琳達辦理入學手續。在與該校校
長據理力爭及一輪大吵大嚷之後，校長毫不含糊，粗暴拒
絕了他的請求，他隨後直接送琳達回到距離更遠的黑人學
校門羅小學上課。琳達・布朗後來回憶說：

> 我們住在一個種族融合相處的社區，我的
> 所有玩伴來自不同民族。因此當我發現有一天

我可以和他們一起上學的時候，你知道嗎？我激動極了。我記得那天，我和爸爸一起步行去薩姆納小學，走上學校台階，對小孩子來說，那所學校可真夠大的。我還記得，當我們走進學校時，爸爸與一個人交談起來……你知道，我能聽見他們談話，能感到隨着談話進行爸爸的聲調越來越高。隨後，他衝出辦公室並拉起我的手，一起由學校走回家。當時，我並不明白所發生的一切，因為那天，我堅信自己將要和莫娜（Mona）、吉尼維爾（Guinevere）、萬達（Wanda），還有我的所有玩伴一起上學。

在協進會法律辯護與教育基金會（Legal Defense and Educational Fund）指派的羅伯特・卡特（Robert Carter）和傑克・格林伯格（Jack Greenberg）的協助下，當地三位律師查理斯・布萊索（Charles Bledsoe）、查理斯・斯科特（Charles Scott）和約翰・斯科特（John Scott），向法庭提出訴訟。主要的訴訟請求簡單而直接——只要根據種族來設立不同學校，就毫無平等可言；種族分校的制度在非裔美國孩子的心裏烙下了低人一等的恥辱標記，並使其無限期地延續下去。隨着社會情緒不斷改變，這種大膽而拒不妥協的公然對抗，有可能會促使美國南部各州以及其他地方的種族關係發生革命性的改變。

1951年8月3日，由三名法官組成的地區法院（district court）合議庭作出判決，駁回琳達・布朗及其他孩子的訴訟請求。依據 1879 年堪薩斯法，法庭堅決認為，雖然公立教育中的分校制度確實會對黑人兒童產生不利影響，但是法院仍然拒絕採取補救措施，是因為兩套學校系統下的學校設施，如教學樓、交通工具、課程設置與教師資格的水平相當。然而，後來人們發現，法官們以下的做法往後證實意義重大：他們認可有關美國非裔兒童因種族隔離而受到不利影響的心理學證據，並將其載入官方檔案中。依據聯邦成文法，本案直接上訴至美國最高法院，法院將此案與來自特拉華州（Delaware）、南卡羅萊納州（South Carolina）、弗尼吉亞州（Virginia）的三宗案件放在一起審理。上訴聆訊還未開始，托皮卡教育委員會便宣佈，計劃取消種族分校制度。對此，最高法院作出回應，除非堪薩斯州政府願意發佈一個有法律約束力的聲明，承認種族分校的教育體系違憲而且無效，否則仍會繼續審理案件。堪薩斯州政府拒絕接受這種公開性的解決方案。

偏重統計與學術分析的判決

1952 年 12 月 9 日和接下來的兩天裏，最高法院開始聽取雙方辯論。羅伯特・卡特代表琳達，而總檢察長助理保羅・威爾遜（Paul Wilson）則代表漫不經心的堪薩斯州政府，最高法院此前曾多次督促該州政府提出答辯意見。威爾遜還是第一次在上訴法院（不論是聯邦級法院還是州級法院）闡述答辯意見。然而，他注意到本次上訴聆訊為多案合併審理，重點在於聽取瑟古德‧馬歇爾（Thurgood Marshall）與約翰‧戴維斯（John Davis）之間就布里格斯訴伊里亞德案（*Briggs v. Elliott*）的質證，而且本案發生在南卡羅萊納州，也是一宗有關廢除種族分校的案件。那時兩人都正處於事業巔峰，而且對他們而言，這場聆訊將是他們訴訟生涯中最為關鍵的幾個時刻之一。

　　瑟古德‧馬歇爾是一位法律界的巨擘。他的祖父是奴隸，他曾擔任協進會的首席律師十餘年之久；他繼而成為美國最高法院首位黑人大法官。1908 年，他於巴爾的摩市（Baltimore）的一個中產階級家庭出生，瑟古德（Thurgood）這個名字是冗長的地名 *Thoroughgood* 的簡寫。因為他的膚色，馬里蘭大學（University of Maryland）法學院拒絕接受他的入學申請。他唯有進入只接收黑人學生的霍華德大學就讀作為替代，在那裏他成為明星，並受教於協進會忠實分子、時任法學院院長的查理斯‧休斯頓（Charles Houston）。在進入最高法院之前，馬歇爾在 32 場訴訟中獲 29 場勝訴，這一紀錄令人驚歎。在布朗案中，他的論辯堅定而富說服力，指出推翻普萊塞案判決，並完全實現憲法第十四修正案承諾的時刻已經來到。

　　法庭的另一邊是頑固不化的約翰‧戴維斯（John W. Davis）。那時他已 79 歲高齡，他曾擔任美國國家法務總長（U.S.solicitor general）（十幾年後，馬歇爾開始接任這一職位），1924 年時還被提名為民主黨總統候選人。他是最高法院的常客，曾創下在此法院出庭 250 次的驚人紀錄，他致力維護州政府原則的公正，並受南卡羅萊納州州長詹姆斯・伯恩斯（James Byrnes）之託免費接手此案。他的答辯要點是，在托皮卡已經保證在其他方面（如資源、設施）進行平等分配的基礎上，各州依據憲法有權根據種族差異採取不同的教育立法方案。此外，協進會提出的判例所針對的是立法政策的判斷力，而不是憲法的效力。布朗案是他代理的最後幾宗案件之一。戴維斯翌年逝世，事後有人推測，參與布朗案令他元氣大傷，加速了他的死亡。

眾所周知，在這宗廢除種族分校制度的案件中，最高法院的九位大法官之間存在意見分歧。其中四位大法官來自南部，他們分別是來自阿拉巴馬州（Alabama）的雨果・布萊克（Hugo Black）、來自德克薩斯州（Texas）的湯姆・克拉克（Tom Clark）、來自肯塔基州（Kentucky）的斯坦利・里德（Stanley Reed）以及同州的首席大法官弗雷德・文森（Chief Justice Fred Vinson）。據推斷，他們會站在堪薩斯州政府這邊，一同否決琳達・布朗的聲請。因此，這份判決無論如何都要謹慎圓通，以能夠説服他們簽字支持琳達和協進會，而不是這些州的政府部門。弗利克斯・法蘭克福特（Felix Frankfurter）是其中唯一的猶太裔大法官，在他的催促下，最高法院決定再次聽取雙方辯論；他知道，以 5 比 4 的微弱投票結果作出判決，無法獲得政治上的勝利。在後加的這段時間裏，大法官們不但有更多機會思考他們關注的一些具體問題（即第十四修正案的歷史證據、取消種族隔離的方式，以及既定詳細的補償措施），而且法蘭克福特和其他持支持意見的同僚也贏得了進一步開展幕後遊說的機會。再次辯論的召開時間被定於近一年以後。

然而，秋季剛至，命運女神開始眷顧此案。極有可能提出反對意見的首席大法官弗雷德・文森，於 1953 年 9 月 8 日在酒店房間裏突發心臟病死亡。據説，法蘭克福特曾説過："這是我平生第一次感到真正有神明存在"，這種説法雖可以理解，但多少有點冷酷無情。德懷特・艾森豪威爾（Dwight Eisenhower）總統任命厄爾・沃倫（Earl Warren）作為文森的繼任人，並擔任首席大法官。沃倫曾任加利福尼亞州（California）州長，支持該州在第二次世界大戰期間拘禁日裔美國人。1948 年，他身為共和黨副總統候選人，作為湯瑪斯・杜威（Thomas Dewey）的搭檔，參加美國大選，結果以失敗告終。儘管人們覺得沃倫沒有文森那樣保守，但他的就任似乎表明最高法院將一切如故。但是，沃倫卻令其共和黨同僚大跌眼鏡，成為美國司法史上最傾向自由主義的法院領袖。共和黨人艾森豪威爾後來承認，這次任命是他"一生中犯下的最愚蠢錯誤"。

再次辯論於 1953 年 12 月 7 日舉行，這天恰逢偷襲珍珠港事件 12 周年紀念日。現場座無虛席，馬歇爾與戴維斯再度針鋒相對。論辯焦點是，1868 年時第十四修正案的簽署者們是否會禁止種族分校制度。雙方的立場完全可以預知。激烈的爭論進行了三天，接下來最高法院花了五個月進行審議，並在 1954 年 5 月 17 日宣讀判決。

從多個角度看，這個星期一都是最適合宣判的一天。羅伯特・傑克遜大法官（Justice Robert Jackson）經歷過一次嚴重心臟病，他在醫院裏療養了幾個月時間後直接從醫院趕來法院；威廉・道格拉斯大法官（Justice William Douglas）在他的辦公室裏接受了來自全美足部保健協會（American Foot Health Association）頒發的獎牌，以表彰他為阻止切薩皮克─俄亥俄運河（Chesapeake & Ohio Canal）沿線長達 185 英里的道路翻建成高速公路所作出的努力。中午時分，法官們紛紛就座。法庭裏塞滿了人，其中包括最高法院的所有書記員和傑克遜大法官的醫生。第一項工作，由最高法院授予 119 名律師執業資格。隨後，法官們開始宣讀那天的全部判決。本案判決是當天宣讀的第五份。下午 12 點 40 分左右，首席大法官沃倫開始宣讀由他親自執筆的法院待審案件目錄一號案件的判決意見，即對奧利弗・布朗等人訴堪薩斯州肖尼郡托皮卡教育委員會案（*Oliver Brown et al v. Board of Education of Topeka, Shawnee County, Kansas*），以及其他合併審理的來自南卡羅萊納州、弗尼吉亞州和特拉華州案件的判決意見。

　　首席大法官沃倫的語調緩慢而有節奏，所有大法官一致贊同他代表最高法院宣讀的這份支持琳達・布朗及其他孩子訴訟請求的判決。他總結指出，"種族分校的做法由始至終就具有不平等的性質"，它"違背了美國憲法第十四修正案，該修正案要求保證所有公民得到法律的平等保護"。雖然判決謹慎地將適用範圍框定在教育領域內，但對於協進會和非裔美國人而言，這是一場里程碑式的勝利。儘管如此，判決並未言及的事情還有很多；這一點對於緊接下來對判決的接受和其後續發展影響深遠。

　　與案件的重要意義相比，判決篇幅略顯簡短；在通常情況下，判決應有 40-50 頁的篇幅，而本判決僅有 11 頁。首席大法官在撰寫判決時，似乎是刻意為了獲得九名大法官的一致贊同，而簡要説明法律爭論，卻用很長的篇幅論證社會學提出的要求。另外，沃倫後來肯定地表示，他原本就打算將這份意見一字不漏地刊登在報紙上，所以他在寫作時採用了普羅大眾能理解的措辭。

　　沃倫沒有徵引憲法文本及法律先例作為論證基礎，而是寧願選擇一些有關種族問題和教育問題的統計分析與學術分析作為根據；他特別重視綱納・繆達爾（Gunnar Myrdal）於 1944 年出版的著作《美國的兩難：黑人問題與現代民主》（*An American Dilemma: The Negro Problem and Modern Democracy*），並以此作為法院判決的法理依據。法院判決尤其強調初審地區法院判決記錄的證據材

料：即使學校之間的資源分配平等，但是種族分校制度對
黑人孩子的心理發展造成嚴重傷害。判決既沒有從一般意
義上認同高級道德原則，也沒有廣泛地譴責種族主義及種
族歧視行為。他們認為，溫和的態度和簡潔的行文，更有
助於安撫南部的情緒。正如歷史現實所示，這實際上是一
種毫無前途的做法。

　　布朗案引起的直接回應紛繁複雜。表示反感的人與歡
呼勝利的人一樣多。當眾多南部政客和評論者們認識到
本案影響廣泛之後，他們紛紛指摘這一判決，並宣佈宣
判的 5 月 17 日為 "黑色星期一"：他們為此成立了一個名
為 "美國全國白人協進會"（National Association for the
Advancement of White People，縮寫為 NAAWP）的組
織。雖然如此，許多組織成員（包括總統本人）都承認，
無論從時代角度還是效果方面看，本判決的確是一份劃時
代的判決。隨着協進會會員人數激增，瑟古德‧馬歇爾曾
預言，依照種族設立的不同學校將在五年內完全消失。然
而，雖然這與布朗案裁判過程一樣重要，但這一進程花費
的時間更長；在經歷了更長時間和更進一步的鬥爭之後，
直到民權運動時才取得突破。

　　在布朗案中，法院故意迴避了兩個問題：如何才能以
及應當如何廢除種族隔離。因此，在聽取再次辯論以後，
最高法院於 1955 年 5 月宣讀了布朗案二號判決（*Brown
II*）。在這份判決中，最高法院強調，各地學校組織可以

根據自身的特殊需要實施不同的解決方案。這份判決又一次全票通過。首席大法官們敦促學校委員會盡快廢除種族分校制度，並"以從容不迫的速度"［這條短語引自法蘭西斯·湯普森（Francis Thompson）的詩歌《天堂獵犬》（*The Hound of Heaven*）］推動各類學校融合。然而，事與願違，南部各州的學校委員會將此看成一個拖延了事的機會；他們充分利用各式各樣的對策應付，包括象徵式混合，以及為私立白人學校提供公共資助。廢除種族分校久拖不決，只待耗費幾十年慢慢執行，才會產生任何令人滿意的結果。事實上，正像狄更斯在《荒涼山莊》（*Bleak House*）中所描寫的詹狄士訴詹狄士案（*Jarndyce v. Jarndyce*），這個過程是連續的，"即使在法庭上仍是拖拖拉拉"，在公眾交流觀點的沙龍中也不例外。

關於憲法司法化的爭論

　　幾乎所有人都會認同，只有為數不多的幾宗案件，在美國立憲傳統中佔據着特殊位置，而布朗案便是其中之一。然而，除了這個一般事實外，幾乎不會出現意見統一的情況。本案的判決、判決的學理基礎、學術界及公眾對判決的接受程度，所有這一切到現在依然是激烈討論的主題。這份判決修辭平和，卻引發一場激烈的政治辯論，最高法院的大法官們在判決中一致認定，1868 年第十四修正案的歷史沿革具有開放性（inconclusive）本質，本修正案理應被用作關注當代公立教育的現狀，並推翻普萊塞案確立的隔離但平等的原則。但是，布朗案將最高法院的工作推向異常顯眼的公共聚光燈之下。對於法院所扮演的憲法公斷人角色，法律界內外都對其合法性產生疑問。難道最高法院已出賣了自己的法律靈魂，任憑政治熱情呼來喝去？

與其他民主國家相似，美國也擁有一部歷久變化的成文憲法，這部憲法對立法主體的活動範圍設置了各種非常明確的限制。因為修正與修改憲法絕不輕易，所以那種明確闡述憲法一般所擔保和承諾的內容為何的權力是異乎尋常的：平等所要求的是甚麼？法律的正當程序包括甚麼？言論自由又是甚麼？行使這種權力的組織或個人（bodies）要抵抗巨大的壓力，證明自己是在依法行使這種令人敬畏的權力。當實施權力的相對人是人民時，那些接受委託享有這種最終權力的組織或個人，特別是未經人民選舉並授權的組織和個人，尤其需要保證絕對不會將自己的政治喜好轉化為法律。在美國及其他民主國家，這種權力和責任就落在法官身上。

在令人興奮激動的憲法世界裏，有多少法學家和法官，就有多少種解釋憲法的理論。然而，這些理論可劃入兩大基本陣營。其中一些人［容我們稱其為"着眼過去者"（"past-ists"）］回顧過去，在憲法創製者的原話和／或意圖中找尋言下之意；他們認為，法官們感興趣的不是表面意義背後的公義，而是憲法修正權力背後的公義。對他們而言，憲法處於相對靜止的狀態。在另一陣營，他們〔容我們稱其為 "着眼當下者"（"present-ists"）〕堅決主張，如果要維持最高法律權威的地位，憲法不可陷於過去而無法自拔，必須具備有機成長的能力；社會必須以與時並進的正義感為準則，而不是受到陳詞濫調的消極影響。對他們而言，憲法是一件富有活力的未完成作品。

因此，在布朗案中，雖然最高法院的判決言辭精煉，盡量迴避合憲性這個更大的問題，但這種技巧只能用來支持他們的觀點。人們要享受其現實效果帶來的任何喜悅，就必須承受因憲法原則與推理的根基不穩所引起程度相當的哀痛。事實上，布朗案的判決清晰顯示憲法司法化進程中長期存在的爭論。在廣泛的意義上，本判決使 "着眼過去者" 與 "着眼當下者" 相互較量，以盡量避免司法化進程成為 "時下對公眾輿論和激情作出的最無關大局的反應"。這段熟悉的話引自前任首席大法官托尼（Chief Justice Taney）在 1857 年就德雷德・斯科特案（*Dred Scott*）寫下的判決（該判決拒絕承認奴隸及其後代享有憲法權利，並促成第十四修正案的制定）── 那如果出現超出憲法設計者意圖的任何舉動，法官們應當從何處構思並約束自己作出的判決？

實際上，很少法官會採取基要主義（fundamentalist）的立場，相反，絕大多數法官都會極力平衡當代價值觀的推動力與歷史傳統的拉動力；他們既不是十足的着眼過去者，也不是完全的着眼當下者，而是抗拒以簡單分類了事。在堅持明確區分法律與政治的方面，雖說着眼當下者所面對的挑戰更加明顯、更為艱巨，但是在削弱這種區分方面的兩難之中，着眼過去者也並不輕鬆。不僅原初含義能否獲得、能否適用、能否被接納的問題還沒有弄清，也不可能通過技術手段解決，而且還要面對以下這種範圍更廣的政治質疑：為甚麼以往的價值觀比流行的價值觀更公正，更適合指導當代的社會問題。簡言之，儘管最高法院在布朗案中認定第十四修正案提出了平等保護原則，但其意義尚無定論，那麼，有甚麼證據能夠證明，開國元老們（founding parents）打算以他們堅定無疑的觀點，而不只是明確無誤的字面文字來影響後代呢？又如何解釋過去二百多年發展起來的法院先例系統？

從這些角度來看，布朗案的判決突出了在憲法制度中一直存在的主要難題 —— 要以令人信服的方法，證明布朗案不僅從政治上看是正當的（同時普萊塞案在政治上應受譴責），而且該案確立了良好的憲法規範。在憲法領域，作出判斷的法官和學者們必須能解釋清楚，為甚麼認定某些憲法規範是良好的，而不能只是澄清，在作出判決時，該判決所設定的規範是一種有利的政治策略，以及判決是否採用了原創性的詞語闡述結論。如果良好的法律與有利的政治策略之間不存在明顯區分，那麼似乎沒有理由認為法官的判決是中立、客觀、不受意識形態影響，也因此比一般的政治策略更具權威。特別是出現類似布朗案這樣，公共輿論在種族分校的問題上產生分歧的時候，尤其應該解釋清楚。

　　但是，憲法與政治策略不能成為同一件事，就好像在缺乏政治策略的地方，憲法也不存在一樣。維持法律與政治之間差別的做法，在人們面對政治爭論還是會選擇達成一致共識的社會中看似合理，但是，美國社會的情況絕不一樣，特別是在那些（或者可能是因為）迷信憲法司法化的社會。就這樣，由布朗案及其他飽受爭議的案件如羅訴韋德案（*Roe v. Wade*，支持婦女具有有限地選擇生育的權利）所引發的法律爭論，絕不亞於一場有關憲法靈魂的爭逐；大部分情況下，政治策略成功偽裝成解釋理論。作為一件偉大或不那麼偉大（not so great）的案件，布朗案的命運將由政治活動的偶然結果決定。政治政策往哪裏走，憲法就到哪裏去。

　　當然，布朗案中發生的事也絕非意外：幾十年以前，最高法院就開始在一些涉及種族和平等問題的案件中，一點點地弱化普萊塞案所確定的原則，這些案件包括密蘇里州代表蓋恩斯案（*Missouri ex rel. Gaines*）、斯韋特訴佩因特案（*Sweatt v. Painter*）和邁克勞林案（*McLaurin*）。然而，布朗案的判決絕不是常規適用既存先例的結果，也不是既定原則的自然延伸。事實上，正如前述，判決行文

簡潔、大法官們意見統一、判決論證的基礎稀疏，這一切
正正表明，最高法院的大法官們願意作出讓步、攜手共進。

類似布朗案的判決之所以能成為偉大案件，不在於它
們適用法律正確或者分析合理充分，而在於它們最終被社
會所接受、包容；支持這些判決的人最終戰勝了批評判決
的人。而且，只要這些案件的政治訴求和社會合理性能夠
維持下去，它們崇高的地位就能得以延續。以普萊塞案與
布朗案各自創製的憲法規則為例，它們之間的差別根本與
法律統一性無關，而是完全取決於當代政治環境中不斷變
化的潮流與關注。普萊塞案規定的隔離但平等的信條不再
是憲法指標中固定不變的論證基點，這是因為它已無法享
有足夠的政治信心並吸引公眾的支持，至少在精英羣體中
情況的確如此。1896 年，大法官哈倫（Justice Harlan）
曾對普萊塞案的判決提出反對意見，他預言該判決"遲早
會被證明與德雷德·斯科特案的判決一樣有害"。他指出，
實質上本判決值得稱讚的品質，不是一份法律判決所應當
具備的形式品質，而是它的政治屬性。應當説，他是對的。

偉大案件僅僅具有與其所代表的政治價值相同的權威
性。儘管布朗案仍然時常獲得極高讚譽，但是人們已經依
據時下（已發生改變）的價值觀重新解釋布朗案對憲法的
影響。它曾是"憲法無種族偏見"（Constitution-is-color-
blind）進路的標誌；它曾作為反對平權行動的論據，甚至
曾成為蓄意反對公立學校種族融合的論據。因此，要實現

布朗案規定的種族融合，美國還有很長的路要走。事實上，普萊塞案的判決曾經以反對平權運動動議的方式重新流行過一段時間：任何主張恢復以種族為依據區分人類的做法都被視為無效，不論其動機是進步的還是逆行的。布朗案地位的轉移反映最高法院人員構成的改變，也反映公眾看待種族關係的態度漸趨保守。與政治策略和社會價值觀念一樣，憲法也在發展前進；然而它所取得的效果甚微（即，協進會積極分子長久以來不斷推動），而推動進步的目標也是小事一樁（即，二十世紀六十年代的民權革命）。

　　因此，布朗案深刻地告誡我們，根本不存在可以保證任何一份司法判決得體無誤的理論公式。那些只顧一點卻不顧其餘的法官們也根本無法保證，其行為方式一定比其他任何法官更符合憲法。這並不是説，憲法缺乏理性根據；而只是説，他們的法律論證不具有絕對的力量或絕對的正當性，能夠使其成為最終具有決定意義的理由。與布朗案類似的案件表明，只要終身任職的法官們能説服足夠多的同僚加入自己的隊伍，繼而採取行動獲得充足的公眾支持，他們就可以建成許多自己喜歡做的事。公眾認可那些是良好的憲法規範，它們就是良好的憲法規範。不論其他的主張與要求是甚麼，它們都無濟於事。

學校教育與種族爭論

　　在布朗案發生之後的十年或更長一段時期裏，圍繞

種族與種族歧視的對抗逐漸增加。例如，1957 年 9 月 4
日，阿肯色州（Arkansas）州長奧瓦爾·福伯斯（Orval
Faubus）召集國民警衛隊（National Guard）包圍了小石
城中央高中（Little Rock Central High School），阻止黑
人學生進入該校。通過法律和政治途徑進行了歷時三星期
的忙亂努力之後，九名黑人學生在聯邦軍隊的護送下，穿
過一條阻隔白人家庭的警戒線，進入學校上課。這種對抗
狀態很具代表性。遺憾的是，小石城的精英團體未能集合
起來，支持最高法院在布朗案中作出的判決。人們習慣於
服從制度，而非激進的種族公義現實，這使盡早作出改變
的所有希望都一一落空，白人大舉遷徙，城內學校條件惡
化，根深蒂固的種族歧視因此形成。

　　人們的預期沒錯，南部當權者顯然不願束手就擒，輕
易地容許廢除種族隔離的制度結構。然而，那場鬥爭後來
變得越來越血腥和暴力；殘暴殺害非裔美國人的行為屢屢
發生，尤其是打死年幼的埃米特·蒂爾（Emmett Till）的
暴行，而且還不斷出現對非裔美國人濫用私刑的舉動。
然而，在馬丁·路德·金（Martin Luther King, Jr.）鼓
舞人心的動員下，人們組織了各種非暴力的抵抗活動，
其中包括蒙哥馬利公共汽車罷乘運動（Montgomery bus
boycott）、格林斯伯勒入座運動（Greensboro sit-in）和
塞爾馬—蒙哥馬利遊行（Selma-to-Montgomery march）。
1964 年頒佈的《民權法案》（*Civil Rights Act*，禁止公共

場所的種族歧視，甚至包括私人物業）以及 1965 年頒佈
的《選舉法案》（*Voting Rights Act*，規定歧視性的選舉
政策與實踐違法），無論從其實際影響，還是其象徵性意義
上看，都具有重要的歷史意義。

　　種族合校的問題至今仍然炙手可熱。在南部，種族分
校的支持者用盡各種手段，希望使這輛融合的重型列車脫
離軌道。二十世紀六十年代初，發生了幾宗極端案件，其
中一些校區失去理智，關閉所有公立學校，任由各個家庭
轉向剛剛起步的私立教育系統。這自然使相對貧困的黑人
羣體幾乎被剝奪了所有受教育的機會。即使這些學校恢復
教學，由於白人逃離城市中心，許多市內學校仍然由大量
黑人學生組成。二十世紀七十和八十年代，根據最高法院
的要求，許多美國校區都有義務強制執行校車計劃。這一
計劃要求應根據學生的種族，而不是距離學校的遠近，安
排並接送學生至各自的學校。這種創造性舉動引發極大爭
議，甚至遭到一些一般支持種族融合教育的白人家庭（當
然包括黑人家庭）的極力反對。事情發展到校車計劃的地
步，多少有點令人出乎意料，因為奧利弗・布朗和琳達・
布朗的初衷是抱怨無法就近上學，而不是一般意義上的種
族歧視。

　　托皮卡發生的事件十分具有代表性，反映了南部各州
對布朗案兩份判決（*Brown I and II*）的應對情況。官方最
初計劃不再糾結於種族之分，而是將所有學生就近安排入

學。然而，因為社區居民傾向於區分種族身份，官方計劃對實地的種族隔離現象沒有產生實際效果。這種狀況因而引發了另外一場以布朗的名義提出的訴訟。1955 年，美國地區法院認為托皮卡計劃是一種"出於好意的努力"，他們一致贊同，"廢除種族分校並不意味着必須在所有校區內強令不同種族混合在一起……而是説，各個種族在混合時可以不受阻礙，或者説，不得因為種族和膚色阻礙不同種族的孩子一起上學。"直到二十世紀七十年代初，在這些長期推行形式上種族合校的學校裏，仍然設有兩種上課鈴，一種為黑人而設，一種為白人而設；仍然設有黑人籃球隊和白人籃球隊；仍然會選出黑人畢業舞會皇后和白人畢業舞會皇后。黑人的不滿情緒仍然十分高漲。在取得重大的進步之前，這樣的情況又持續了很多年。即使到現在，瑟古德・馬歇爾所夢想的一套完全實現種族融合的學校教育體系，仍難以實現。

時至今日，圍繞學校教育和種族的爭論仍在持續。儘管從法律上懲治種族隔離的做法已經過去，但是社會現實中仍然真實存在着種族隔離的情況。例如，密西西比州（Mississippi）的查理斯敦高中（Charleston High School）曾於二十世紀七十年代被官方廢除種族分校制度，但是該中學仍然堅持為黑人學生和白人學生分開舉辦畢業舞會。直到 2009 年，在演員也是當地居民摩根・弗里曼（Morgan Freeman）的不懈努力下，該校才舉辦了首屆黑人和白人學生共同參與的畢業舞會。各校區仍然努力在位置遠近和種族混合之間尋找平衡。事實上，新一輪學術討論探討的主題是，人們忽視了單一種族（與單一性別）學校的價值。一些人以教育數據和社會分析為依據提出，衝突較少、更易受文化影響的環境確實更有利於少數羣體的教育。當然，既可以認為這種主張與布朗案的判決離題萬丈，也可以說它們相去無幾。

種族鬥爭持續

至於布朗一家，最高法院對布朗案作出的判決只是他們捲入法律事務的第一步。遺憾的是，1961 年奧利弗突發心臟病離開人世；他看到了種族分校制度在法律上被廢止，卻沒有看到公立教育領域種族隔離現象消失。1978年，琳達已經 36 歲，已婚的她，姓名已改為布朗‧湯普遜（Brown Thompson），仍住在托皮卡，養育着自己的孩子。經過百般勸說，她才同意參與一場重燃布朗案輝煌歷史的訴訟，因為 25 年之後，學校的種族隔離依然如故。在依據公開的入學政策之下，托皮卡的各所學校在現實中仍存在着種族隔離現象：在本地學校上課的孩子當中，仍有大約 60% 的孩子經歷着種族隔離的教育。儘管地區法院同意重新立案，但卻駁回琳達的起訴，認定各所學校已經實現了充分融合。他們繼續起訴。然而，直到 1993 年，法院才認定托皮卡教育委員會（Topeka School Board）有義

務強制推行一項切實的計劃，完全消除種族隔離；1999 年
7 月新學校開課，符合司法標準的種族平衡也得以實現。
琳達的妹妹綺麗兒（Cheryl），為家族事業而奮鬥；她參與
經營 1988 年成立的布朗教育基金會（Brown Foundation
for Educational Equity, Excellence and Research），該
基金會的宗旨是要爭取教育平等、教育品質以及從事教育
研究，並為參與過布朗案以及延續其精神的人們致敬。結
果是，超過 55 年之後，鬥爭仍舊持續。

第 6 章

瓶中的蝸牛

天性、鄰舍與疏忽

多 年以來，觀察家們發現，在知識分子和公共文化領
域當中，聚集了許多被賦予寓意的動物形象，用來
提高社會評論的修辭水平，例如阿基洛科斯（Archilocus）
和後來的以賽亞·柏林（Isaiah Berlin）都與狐狸和刺蝟
交上了朋友：狐狸詭計多端、無所不知；刺蝟呆板木訥、
心繫一個大道理；另外，家喻戶曉的三隻小豬，領悟到
應當"盡最大努力"蓋好自家的房子；日本有三隻聰慧的
小猴，牠們"視無邪，聽無邪，言無邪"；喬治·奧威爾
（George Orwell）描述了一羣具有政治寓意的動物形象；
伊索（Aesop）拼集了一馬廄的虛構猛獸。

雖然法律世界裏的動物形象並沒有這樣豐富多彩，然
而卻有着自己所鍾愛的對象。無需贅言，律師們就常常給
公眾留下蛇與鼬鼠的印象。在法律世界的生物形象中，一
隻死去的蘇格蘭籍軟體生物（mollusk），成為其中最為著
名的一個形象。1928 年 8 月，牠在鑽進一個安全且食物
充足的環境之後，便以一種令人匪夷所思的方式，成功地
擠進了法律的世界。事實上，在具體的法律環境下，沒人
能夠説清楚這隻小生物是否真正存在過，而這更令牠聲名
狼藉。正是這樣，與皮爾遜案中那隻不幸的狐狸（參見第 4
章）一起，這隻卑微的蝸牛，在法律大花園中佔據着自己
的一席之地。

薑啤瓶的蝸牛與法律疏忽

梅・多諾霍（May Donoghue）30 歲出頭，生活窮苦潦倒。她的父親名叫詹姆斯・麥卡利斯特（James McAllister），任職鋼鐵工人，至少生養了七個孩子。梅 13 歲時便輟學。她在與亨利・多諾霍（Henry Donoghue）發生曖昧關係以後，懷了第一個孩子，並在 1916 年 2 月 19 日結婚，當時她只有 17 歲。她曾多次懷孕，其中三個孩子在出世不久便夭折了。雪上加霜的是，與亨利的婚姻一點也不幸福，他倆在 1928 年年初分手。在二十世紀二十年代末的格拉斯哥，這位單親媽媽進退維谷。她在商店裏打過幾份散工，後來與其中一個兄弟搬到位於治安混亂的高伯地區（Gorbals District）中的肯特大街（Kent Street）。因此，當梅獲邀夜裏到一家新開的意式冰淇淋店約會時，她欣然接受。[1]

1928 年 8 月夏天，當地正在舉辦格拉斯哥貿易節（Glasgow's Trades Holidays）。在星期日的一個晚上，梅・多諾霍乘搭有軌電車，經過 30 分鐘的車程到達 "味兒蜜都" 咖啡館（Wellmeadow Café），在那裏見一位朋

1　關於她的朋友是男性還是女性，現在很難弄清楚。考慮到她並不是為了愛結婚，而是奉子成婚，而且那時已經分手，這個朋友很可能是位男性。如果是這樣，就能解釋為甚麼她寧願穿州過省，都要去拜訪他；同樣，她也是為了避免通常鄰里間的閒言閒語，而從外出交友中受益。即使她的同伴是位女性，她外出可能僅僅是想逃離一貧如洗、離異以及單親媽媽這些令人沮喪的現實。

友。這家現代餐館位於佩斯利市（Paisley）萊迪巷（Lady Lane）與高街（High Street）的交界。佩斯利市地處格拉斯哥市郊，因圍巾編織業和頗受六十年代嬉皮士歡迎的圍巾設計花紋而略有名氣。咖啡館店面門楣上掛着“純意式冰淇淋沙龍”的寬幅招牌。對和梅同樣貧困的格拉斯哥人來説，這可算得上外來美食。咖啡館的老闆叫法蘭西斯・明切拉（Francis Minchella），基督教名為法蘭西斯科・明格拉（Francesco Minghella）。他來自意大利糖果商人的世家，意大利人早已成為蘇格蘭生活的一種特徵。雖説店舖位處的建築物有些老舊，而且由於地處市中心及在教堂對面，使其周圍聚集了好些小餐館，但是法蘭西斯的店只剛剛開業了一年左右。這個店舖是從當地一位律師威廉・里德（William Reid）那裏租來的。

梅的朋友負責咖啡館裏的一切事務。晚上 9 點之前，為了宴請梅，朋友為她點了一杯蘇格蘭本地特有的冷飲：雪頂薑啤 —— 薑啤上浮着兩勺冰淇淋；她自己取了一個梨和冰。出於禮貌，在明切拉先生上菜時，她為甜點付了賬，儘管那時吃霸王餐的情況司空見慣。

明切拉先生親自調製冰淇淋飲品。他打開那瓶薑啤，把半瓶啤酒倒在冰淇淋上。那個酒瓶是用不透明的暗色玻璃做的；用肉眼無法看透瓶體，因此也無法查驗裏面除了薑啤外是否還有其他雜物。這種瓶體的設計是為了掩飾加了酵母後出現的飲料沉澱物，而使用酵母是為了讓飲料帶點酒勁（低於 2% 的標準度數）。梅享受着美味的冷飲，沉浸在單親媽媽難得的城鎮夜生活之中。當她快要喝完第一杯時，朋友為她把剩下的薑啤倒進杯裏。眼前的一幕令兩人大驚失色，一塊爛掉的蝸牛屍體從瓶中蹦出，落在杯中的冰淇淋上。那隻或真實或虛構的著名軟體動物，在廣闊的法律舞台上和"味兒蜜都"咖啡館內亮相登場。

　　後來所發生的具體事情已不得而知。據梅所言，總的來說，她的身體原本還算健康，但事發後她生病了。在目睹蝸牛屍體那一幕之後，她的身體因喝過被污染的薑啤而誘發了延遲反應。情況逐漸惡化。遭受驚嚇和嘔吐的雙重打擊，她在朋友的協助下返回家中。由於病得太重，她根本無法在第二天起牀上班。那個時候，像梅這樣的窮人沒有固定給自己看病的醫生，也不做日常的衛生保健。然而，她的病症持續不減，三天之後，她才被迫打破常規去看醫生。據醫生診斷，她得了腸胃炎。然而無論如何努力，她始終無法擺脫病痛折磨。進入 9 月份，飽受三星期病痛折磨以後，她已經十分虛弱與絕望，不得不在格拉斯哥皇家療養院（Glasgow Royal Infrimary）接受急救治療。幸運的是，急救很成功，她康復過來，並能開始恢復她店舖助理的工作，及她大部分的正常生活。那夜外出之後的一個月裏，她一直與病魔抗爭。

　　雖然梅的這場大病與往常情況相比更嚴重，而且發病時間更長，但那時在食物中發現罕見異物不是甚麼特別的事。直到今天，絕大多數人都經歷過類似不快：在買到的一小包麥片中或點過的沙律中，會發現一些本不應出現的東西。最近，一名倒楣的顧客宣稱，他在安大略省（Ontario）一家麥當勞店的巨無霸中吃出了老鼠頭；還有人表示，他在學生時代曾在買到的烤麵包中發現了摻烤的鼠屍。雖說這些都是極端案例，但也見慣不怪。然而，梅的案件異於尋常，她不僅決意提起法律行動，而且她的案件竟一路達到英國最高級的法院。在遇到類似情況的時候，大多數受害者都會牢騷滿腹，威脅着要訴諸法律，要求賠償各種損失，但極少人會真正走上法律程序；大部分人都是在訴訟開始之前，就滿足於一些"免費午餐"式或小額的現金賠償。但多諾霍夫人不同，她真正啟動了那套費時耗力的程序。

事實上，作出決定性努力的並非梅本人，而是其律師沃特·利奇曼（Walter Leechman）。沃特任職市議員（city councillor），在格拉斯哥西喬治大街（West George Street）辦公。他將自己的人生目標定位為捍衛普通人那些被忽視的權益。他熱衷養蜂，喜好自然，是一位公認工作一絲不苟、謹小慎微（這表明他確曾查驗，並堅信梅所提供事實不虛）的律師。他堅定執着，提出的理由原則性很強，他瞄準的是疏忽法律（negligence law）規則的可鄙現狀，特別是當這些規則適用在其當事人身上的時候。很明顯，他對薑啤生產商懷有明顯的敵意。

幾年以前，他就已經開始接手處理一些在薑啤中發現鼠屎的案件。其中最重要的一宗案件還曾進入上訴程序，但是他最終敗訴，沒能將案件提交蘇格蘭最高民事法院（Inner House of the Court of Session）審理。這宗案件的判決最終於 1929 年 3 月 20 日宣佈。利奇曼慘敗後毫不氣餒，20 天後的 4 月份，他便開始為梅的訴求奔波服務。他並未因失敗畏縮不前，停止追求既定目標，即修改法律，令製造商對其產品的最終消費者負上責任（duty of care）。

當然，梅很幸運，因為法律世界的堂吉訶德（Don Quixote）向她伸出援手。無論她的訴求多麼值得幫助，沃特很有可能是格拉斯哥唯一會接手處理此案並為這種一貧如洗的當事人提供服務的律師。對於如何為案件籌到經費根本無從查明。到 1929 年年底，她已經為訴訟花費 100 多英鎊（約 200 美元），這已遠遠超出她所能承擔的範圍。在一開始接手此案的時候，利奇曼很有可能曾承諾實施風險代理（只在梅勝訴的時候才支付費用）或是免費代理。儘管如此，據了解，梅被認定具有 "以貧民身份"（*in forma pauperis*）參與訴訟的法律地位，這就意味着，即使敗訴，梅也無需承擔史蒂文生（Stevenson）的訴訟費用。梅曾就此案件簽署過一份宣誓書，其中她發誓 "我非常貧困" 而且 "我在世上的財產總額不超過 5 英鎊"；在宣誓書之外還有一份證明，該證明由她在格拉斯哥所屬教堂的牧師以

及年紀較長的教友簽署，他們共同見證多諾霍夫人是一個
"非常貧困的人"。簡而言之，與其他許多值得幫助而貧困
的當事人不同，梅的案件之所以能夠不斷向前推進，是因
為許多陌生人的好心幫助，以及在案件中富有鬥爭精神的
利奇曼。

利奇曼毫不費勁地認定，備受爭議的那瓶薑啤由當地
生產商大衛・史蒂文生（David Stevenson Jr.）生產，他
的家人和朋友都叫他 Davie。他的酒瓶廠距離明切拉的"味
兒蜜都"咖啡店 650 碼遠，靠近佩斯利市的葛蘭巷（Glen
Lane）。自十九世紀七十年代起，他的家族就開始從事碳
酸飲料的生意，由於在工廠中實行軍事化管理，他在當地
略有名氣。然而，在那個時代，蝸牛和蛞蝓是工廠中十分
常見的有害生物；在蘇格蘭多雨潮濕的氣候裏，牠們隨處
可見。此外，雖然玻璃瓶上印有史蒂文生的名字，然而問
題在於，史蒂文生的酒瓶常會被其他釀酒廠回收並留為己
用，灌裝自己工廠調製的酒品。其中很多釀酒廠的生產過
程，在效率和衛生程度方面的標準都非常參差。事實上，
史蒂文生的工廠在應用無菌生產工藝方面還擁有不錯的名
聲。

利奇曼已經下定決心，要接手梅的案件。聲請的基礎
是疏忽行為。這樣做的原因很明顯，梅與咖啡館之間不存
在可以作為訴訟依據的合約關係，因為在那裏點餐並支付
冰淇淋費用的人是梅的朋友，而不是梅本人。因此，有

必要將梅的法律主張建立在疏忽行為之上，這裏的疏忽行為是指在生產、銷售那瓶帶有腐爛蝸牛屍體的薑啤的過程中存在的疏忽大意。另外，法蘭西斯・明切拉並不存在疏忽，因為即使他盡力仔細檢查也無法看到瓶中的那隻蝸牛，因此唯一可以起訴的人就是生產商。這樣，他們提出了一場要求史蒂文生賠償 500 英鎊的訴訟。訴訟請求的核心內容是，可以斷言那些"蝸牛的黏滑足跡"在被告的工廠裏"頻頻出現"，而且史蒂文生並沒有建立有效的酒瓶檢查制度，確保蝸牛不會溜進薑啤酒瓶之中。

由於生意上的事而成為被告，對史蒂文生來說並不感到陌生。而對於利奇曼作為幕後推手的事實，他也毫不驚奇。然而，令他憤怒的是，他的家族聲譽因這些惡言誹謗的訴訟請求而遭到質疑，以致聲名狼藉。他聘請了格拉斯哥一家著名律師事務所的律師，下決心不惜一切打贏這場官司。他竭力辯護聲明，指出爭議的酒瓶不是屬於他的，即使是屬於他的，酒瓶中也不會有蝸牛存在；這是利奇曼為了從中獲益，無視道德故意攪局而製造的情節。

但是史蒂文生在最初提出的巧妙答辯中指出，即使起訴狀中所描述的有關梅的所有經歷和病痛都是事實，他們也無法證明訴訟理由具有說服力及有效性。不管事實上他如何拒絕承認這些事實，他一開場的保守策略卻要求認定起訴理由在法律上不充分，並駁回起訴。他依據蘇格蘭法院不久前作出的判決，強調應當免除一般食品生產商的責任，而具體到本案，應當免除薑啤生產商對此類訴訟請求所承擔的責任。事實上，與之形成極佳對應的是，史蒂文生指出利奇曼本人正是上述先例所涉及訴訟的原告一方。因此，由於程序上的不規律，通過法院解決本案對案件本身有利。當這些最初的爭議解決了之後，他們還需要盡可能地全神貫注於事實本身。正如法律中常見的情形，程序既是正義的婢女，也常常是非正義的奴僕。

對鄰舍的照顧義務

1929 年時，蘇格蘭的法律處於較為明確的狀態，儘管其肯定不甚合理。當消費者與生產商之間存在一份合約時（在零售商提供商品的時代，這種情況極少出現），消費者可能只在極少數情況中，像多諾霍夫人這樣，選擇以生產商為被告提出訴訟；生產商明知產品的瑕疵或可能造成的損害；而且有些產品（例如汽車）本身就具有危險性。很明顯，梅的訴求並不屬於上述情況。在其他所有情況中，如果生產商的產品造成傷害或引發問題，消費者也無權要求逍遙法外的生產商承擔賠償責任。大多數情況下，他們可能不得不選擇明切拉這樣的零售商，並根據零售商與受害消費者之間的合約，要求賠償損失，而從這裏得到的賠償數額極少。

儘管如此，1930 年 5 月 28 日，在第一次審訊過程中，不知是運氣還是論點充分，法庭認定起訴的理由成立，並認為梅在指控史蒂文生時宣稱的事實能夠得到證明。法庭判決堅定有力，與其他法官相比，獨排眾議的貴族大法官蒙克里夫（Lord Moncrieff）並不囿於傳統，這很可能是受到不太保守的美式法理學觀點的影響，他指出，"我毫無遲疑地認為，從事食品生產或飲品釀製的生產商，不應當以在生產過程任何階段裏，由於存在不完備的監控衛生清潔措施，而對將產生與其產品相關聯的危險的情況毫不知情作為答辯理由。"然而，這種勝利持續的時間並不長。

幾個月之後，最高民事法院第二分庭（Second Divisions of Court of Sessions）推翻了此前作出的判決，他們認為多諾霍夫人的起訴沒有法律依據，史蒂文生因此不需要承擔賠償其傷害和工資損失的責任。四名法官參與上訴審理，其中三人，分別是最高民事法院副院長貴族大法官阿爾尼斯（Lord Justice Clerk Alness）、貴族大法官奧米達爾（Lord Ormidale）和安德森（Lord Anderson），堅持自己在先前由利奇曼和其他具有相似想法的律師們，所提起的一些在食物中吃出老鼠的案件的判決。他們一反常態，對於大法官蒙克里夫沒有遵循這些先例、沒有駁回梅的訴訟請求的做法大加指責，指出這是"一份費煞苦心的法官意見，它似乎表明 —— 這樣說毫無不敬之意 —— 作為貴族的他厭倦了順從已經公佈的法律，而不是說明他對事實存在任何誤解"。第四位貴族大法官亨特（Lord Hunter）大膽提出異議，他延續其不願順從那些老鼠案件判決的態度，而其中他也曾堅持提出異議。他的觀點乾脆堅定：至少應當給予梅繼續上訴獲得進一步審理的機會，而不應僅僅依據程序上的理由提前制止她的訴訟。

利奇曼並未畏懼不前，他為梅爭取到最終的審判機會——他申請將上訴審理提交英國議會上議院司法委員會（Judicial Committee of the House of·Lords），那是在英國對所有案件最高審級的上訴法院，當然包括所有來自蘇格蘭的案件。1931 年 2 月 26 日，梅申請以"貧民身份"提出上訴，並於同年 3 月 17 日獲受理。此時，決戰的一切都已就緒，這場決戰不僅僅涉及到薑啤生產商與其消費者之間的商業關係，還有更多的事都處於最關鍵的決戰時刻。

利奇曼隻身一人前往倫敦（梅沒有參加）聽取 1931 年 12 月舉行的答辯聆訊。依據保留至今的習慣，當地律師在這樣的情況下要為更高級別的律師準備訴訟文件（brief）。梅的代表為皇家大律師（king's counsel）喬治··莫頓（George Morton）和後來擔任蘇格蘭總檢察長（lord advocate）的 W. R. 米利根（W. R. Milligan）。史蒂文生的代表律師同樣令人敬畏，他們分別是：皇家大律師 W. G. 諾曼德（W. G. Normand, KC），他後來擔任蘇格蘭的法務總長（solicitor general），往後成為英國議會上議院的貴族法官（law lord）；J. L. 克萊德（J. L. Clyde），後來也擔任過蘇格蘭總檢察長，進而成為蘇格蘭最高民事法院院長（lord president）；以及 T. 埃爾德·鍾斯（T. Elder

Jones)。案件審理一開始出現障礙，因為本案事實上應屬於蘇格蘭法院管轄。與英國普通法更為系統化和隨心所欲的法律論證風格相比，蘇格蘭法院體系屬於民法法系，更加依賴成文法判案。審判庭由五位英國議會上議院的貴族法官組成，他們共同負責上訴審判。被選出的貴族法官中有兩位蘇格蘭人、兩位英格蘭人和一位威爾斯人。在粗略裁判過後，法院得出雖具虛構成分但卻十分肯定的結論："為了界定這宗案件中的問題，擬定蘇格蘭的法律與英格蘭的法律完全相同。"自此，這條關鍵的認定不斷遭到蘇格蘭律師從歷史準確性和法律政策角度上提出的激烈質疑。

1932 年 5 月 26 日，幾位貴族大法官各自發表了（並實際宣讀了）至今仍受人傳頌的法律意見，此時距離發生"味兒蜜都"咖啡館事件的那個夏天已經過了近四年。五位貴族法官打破常態一起亮相，分別發表各自判決的理由。按這個令人們感興趣的出場組合，審判委員會的意見分裂成 3 比 2 的格局，其中兩位蘇格蘭籍大法官麥克米倫（Lord MacMillan）、塞恩克頓（Lord Thankerton）和威爾斯籍大法官阿特金（Lord Atkin）一致支持梅的主張；另外兩位英格蘭籍大法官巴克馬斯特（Lord Buckmaster）和湯姆林（Lord Tomlin）則提出異議反對梅的訴求。他們的每一份意見都能激起人們閱讀的興趣。儘管沒有正式約定哪份意見會被確定為委員會的主導判決，但是大法官阿特金和巴克馬斯特的意見吸引了絕大部分律師的關注。儘管如此，許多人認為麥克米倫大法官作出支持勝訴的判決，無論從論證還是從說服力來看都更勝一籌。

詹姆斯·理查·阿特金法官（Baron James Richard Atkin），雖然以自己身為威爾斯人而自豪〔他也是參與起草威爾斯教堂憲章（Church of Wales' constitution）的律師之一〕，但他其實生於澳洲。他的父親是愛爾蘭人，母親是威爾斯人。他的父母在他出生之前不久移民澳洲。他生於澳洲的布里斯班（Brisbane），是父母三個兒子中的老大。然而，父親英年早逝，他們全家不久便搬回母親的故鄉，威爾斯中部的瑪利安尼特（Meirionnydd）。毫無疑問，他生命中的女性，包括他的祖母、母親、妻子和四個女兒，對他的人生影響極大。與他步入婚姻的是利齊·赫曼特（Lizzie Hemmant），兩人的生日僅相差 12 天，出生地也距離不足 100 碼。阿特金法官把全副身心都投入到這個由四個女兒、兩個兒子組成的大家庭，他的家位於家鄉阿伯多維（Aberdovey）。在經歷過一段成功的事務律師生涯之後，1913 年，45 歲的他被任命為法官，並於 1928 年任職於議會上議院。長期以來，他仍乘坐公共汽車遊走於倫敦市內，因為他認為由自己駕車太危險了。

在梅提出上訴以前，阿特金法官已開始着力把自己塑造成一個強烈渴望正義、受人尊敬的知識分子：他從不生搬硬套法律，盡力保證正義的實現。他隨意穿梭於法律職業和法學學術領域，頻繁出現在法律院校的演講台上。事實上，1931 年 10 月 28 日，在梅的案件開庭審理的六星期之前，他曾在倫敦英王書院（King's College）發表演講，主題是法律與道德之間存在的密切聯繫。回顧這段往事，一些人認為，他的演講預示着梅一案的命運，以及疏忽法的前途。在演講中，他作出了這樣的結論："我懷疑侵權行為法（law of tort）的全部內容是否真正符合那條黃金法則——己所不欲，勿施於人。"正是這條公開的聖經主題被嫁接在他於上訴中所作的判決上。

阿特金的法律意見旁徵博引，他指出法官的職責在於發掘判例法着意闡明（merely illustrative）的潛在法律原則，"英國法中一定存在着，也確實存在着，某種一般關係上的觀念，這種關係產生一種照顧義務（duty of care），在書本中出現的相關個案都是確確實實的例子。"懷揣着這種情緒，他分析與本案相關的案例，並找出一條緩緩浮現、推動現有法律不斷進步的主線。對普通法世界的這條法律原則，他的解釋版本最有威嚴而且影響最大，阿特金法官指出：

> 法律中有這樣一條規則：你要愛你的鄰舍，不得傷害他們；而律師的疑問在於"誰是我的鄰舍？"。這個問題的答案應限定在一定範圍內。對於你能合理預見到而極有可能傷害鄰舍的行為與疏忽，你必須對所造成的後果承

擔責任。那麼，在法律中誰是我的鄰舍？答案
似乎是：我的鄰舍是那些距離我很近，以致會
受到我的行為直接影響的人。因此當我以自己
的意志作出那些令人懷疑的行為或疏忽時，我
應當合理地把對他們的影響納入考慮範圍之
內。

　　阿特金法官以此概括觀點所推動的解釋進程，時至今
日仍貫穿法律世界中。然而，這條偉大的訓誡卻更源於家
庭。阿特金習慣把家庭當作檢驗判決結論和徵詢意見的場
所。在家庭晚宴中，他常常給孩子們講述他正在處理的案
件，觀察他們的反應。一天晚上，他向家人徵詢對梅一案
的意見。家人受到主日學（Sunday-school）箴訓的啟發，
向他講述了樂善好施的撒瑪利亞人（Good Samaritan）的
寓言故事以作回答，並表達故事背後的重點，就是"要愛
你的鄰舍"。阿特金法官在辦公室裏反覆斟酌之後，將這
項偶然得來的參考資料加工整理，形成這份判決。可以斷
言，本判決仍是普通法世界中的指導案例。有人認為，阿
特金法官的做法有欠妥當，而且也不專業；但對另一些人
而言，這是一道極其必要的"常識"藥方，激發法律自身
的高遠志向能活躍起來。

　　本案的主要異議來自大法官巴克馬斯特。他的父親白
手興家，繼承了斯坦利·歐文（Stanley Owen）遺贈的貴
族身份。他首次從政便被任命為政府的高級法律官員——

總檢察長，後來他還擔任御前大臣（lord chancellor）和
英國議會上議院負責人。具有諷刺意味的是，按照他在多
諾霍案提出的異議所表現的立場，他在人生後半段一直都
以狂熱自由主義者的政治形象示人，並建立起一種更為激
進的工黨傾向。這位德高望重的演說家，一直擁護離婚法
的改革，支持婦女享有選舉權，贊同節育和提高窮人的生
活條件，並反對死刑。但作為法官，他卻是守成派；他抵
制修改不完善法律的任何嘗試，認定糾正這類棘手情況的
責任在議會，而不在法院。

　　巴克馬斯特並不贊同阿特金法官和多數法官的意見，
他認為對梅案的處理有欠公正。他與其他法官持不同意
見，堅信遵循既存法律是法官的職責所在，無論出現多麼
令人信服的理由，他都絕不妥協。因此，他緊緊抓住以往
老鼠案中作出的先例，拒絕受到任何或能支配一切，或能
不斷拓展的原則影響。他發表了一番有些危言聳聽並帶有
蔑視成分的言論，以駁斥梅的聲請，為所有要求警惕棘手
危險處境的保守派送出了娓娓佳音：

　　　　要進一步，為何不進五十步？如果房屋
　　已經建成，但由於建房者的疏忽（的確時有發
　　生）而導致房頂陷落，傷及住客或其他人，迄
　　今為止還沒有人依據英國的法律起訴建房者，
　　雖說我的確相信在巴比倫法律中存在過這樣的
　　權利。

挑戰主導判決的規則

就這樣又過了四年，在付出了巨大代價、經歷許多法律爭拗之後，梅‧多諾霍終於獲准上訴。然而，僅此而已。議會上議院只是裁定，如果能夠證明所有索賠依據的事實屬實，她就能勝訴。貴族法官們將她的案件發還格拉斯哥的最高民事法院處理，以取得所訴事實屬實的證據。1932 年 7 月 19 日，案件立案並定於 1933 年 1 月 10 日開庭。當然，這可是個"大問題"了。面對許多明顯的障礙，她根本無法在家中過着安靜平淡的生活。那時，對梅而言，要滿足法院的要求，她必須證明薑啤中確實出現過一隻腐爛蝸牛，以及那個薑啤酒瓶確實是由史蒂文生生產的，而且這瓶薑啤確實曾誘發她患上嚴重的腸胃炎。

然而，對利奇曼而言，要求生產商因自己的疏忽承擔責任的長期目標已然實現。英國最高法院已經證明他的理由成立，並且認定生產商有義務對其消費者的安全負上合理照顧的責任。受到阿特金法官法律意見的鼓勵，他知道就算（他評價不高的）蘇格蘭法官也不得不去密切注意這一切。從今以後，他可以保證，無論梅‧多諾霍訴訟的結果如何，其他顧客與消費者都能開始制約無情生產商那粗陋而懶散的做法。他在梅身上押下的賭注已經回本，並得到了回報。

正如官方報導的那樣，社會對貴族法官們就多諾霍（或麥卡利斯特）訴史蒂文生案 [*Donoghue*（*or M'Alister*） *v. Stevenson*］的判決反響不一。但是支持多於批評。法律界人士稱讚本案，認為它推動疏忽法向前邁進了必要的一步，並認為它使法律更為貼近當下的社會情緒。地位顯赫的弗里德里克・波洛克爵士（Sir Frederick Pollock）在《法律季刊》（*Law Quarterly Review*）中大發讚辭，認為阿特金法官"打消了其英國同僚的顧慮，使他們從英國法院體系的通行權威中掙脱出來。"在備受其影響的公共意識裏，也出現了熱切的贊同之聲。與此同時，《蘇格蘭人》（*Scotsman*）報章認為，本判決"理應受到公眾的歡迎"；《法律時代》（*Law Times*）雜誌認為，本判決"具有革命意義"，講述了侵權法領域發生的"激烈變革"，這種變革"恰到好處地回應了新經濟時代（modern economic times）的需要"。

　　然而，本案的重要性和影響力並非自然而來，而要隨着時間推移而獲得。"偉大性"這種標籤之所以能牢牢固定在判決上，不是由於判決在知識上或法律上的正確性，而是由於判決在後來的裁判活動中得到司法界的一致贊同。阿特金法官意見的吸引力在於當中的語言具有提示性和一般性；它指明某種方向並留下空間，允許在特定情況中查明具體含義。好像薑啤酒瓶，那份判決也具有一定的模糊成分。正如偉大的文學作品，也會為之後的讀者留下自決的空間。阿特金法官就多諾霍案作出的意見，就像莎士比亞筆下的《哈姆雷特》（*Hamlet*）一樣，之所以被看作是一部偉大的作品，不只是因為其意義深刻，而且還因為其粗枝大葉（profligacy）的特性。它通過開啟而非封閉解釋空間，從而滲透到各式各樣、可爭可變的裁判活動之中。簡而言之，由於該判決具有神喻（Delphic）或玄妙費解的特性，而不是取其相反，那條鄰舍原則才開啟了通往法律偉大性的道路。

由各種方式觀察可以看出，在大約 75 年以來，疏忽法的歷史就是一場司法保守派與自由派之間鬥爭的歷史。新近上任的麥克米倫法官（Lord MacMillan）發表了贊同的判決意見（並被視為具有決定意義的一票），但他拒絕像阿特金法官那樣，使判決擴大適用於對所有疏忽責任的判斷。儘管如此，他也着實給後世法學家出了道難題，他聲明“疏忽行為的分類尚不周全”。這一點與巴克馬斯特法官的司法哲學及其“要進一步，為何不進五十步”的慎重路徑形成鮮明對比。長期以來，法律原則的發展也受到另一位著名法官丹寧勳爵（Lord Denning）稱為“冒險精神”（bold spirits）與“怯懦靈魂”（timorous souls）之間的衝突的影響。很明顯，司法工作的關注點在於精確界定以下的定義：誰可以算作法律上的鄰舍、人們應對何種行為負責，以及應當對何種傷害與損失作出賠償。

在梅的訟案中，湊巧的是，她與史蒂文生之間既是現實中的鄰舍，也是符合法律擬制的鄰舍。史蒂文生的灌裝廠離“味兒蜜都”咖啡館僅幾百碼遠。然而，阿特金法官在釐定法律責任區域範圍的過程中，心中想像的鄰里區域要比這大得多。事實上，限定鄰里區域的實質和具體範圍對後代法官和學者來說，既是機遇，也是責任。在多諾霍案中，法院需要解決的直接問題是，薑啤生產商是否可以對飲用了別人為其購買而內含蝸牛腐屍的薑汁啤酒以致生病的人負上責任。但是，人們卻不能（且一直以來從未被）有欠公允地認為，阿特金法官的判決支持這一系列的裁決，包括由蘇格蘭使用暗色酒瓶的薑啤生產商，應當確保瓶中不會出現蝸牛腐屍，以至所有商品製造商和服務商務必保證其產品與服務符合預期的用途，而且任何人都應當在與他人交往中對自己的行為給予適當的注意。

所以嚴格說來，還沒能從多諾霍案中得出一個壓倒性的判決理由（*ratio*）（或嚴格規則）。根據查究的背景，人們對阿特金法官作出的主導判決進行了令人信服且合理的分析，並推演出大量規則（rulings）。其中對主導判決形成挑戰的規則包括：

1. **在法律主體需要對個人的陳述（而非行為）承擔責任的情況下，本判決帶來了甚麼啟示？**目前的法律承認，那些在商業活動中提供陳述服務的一方（如會計師、律師、銀行），應當對徵詢他們建議的當事人負有一種責任。然而，與那些造成人身傷害或財產損失的行為所負的責任不同，他們只在更為有限的情況下才需承擔這種責任。

2. **在對疏忽行為或不作為承擔責任的情況下，本判決帶來了甚麼啟示？** 目前的法律承認，在雙方事先存在某種關係的情況下，可以要求一方行動以解救另一方，但對一般陌生人卻無此義務。

3. **在對利益損失進行賠償的情況下，本判決帶來了甚麼啟示？** 對此問題，法律規定曾出現多次反覆，癥結在於當未造成人身傷害或財產損失時，是否應對疏忽行為導致所謂的純粹經濟損失（pure economic losses）承擔責任。

4. **在對公共主體而非私人主體承擔責任的情況下，本判決帶來了甚麼啟示？** 儘管法律擴大了承擔疏忽責任的主體範圍，使市政當局及其他公共主體也被包括在內，但卻被嚴格限定在將產生責任的情況下，特別是關乎一般公眾受到傷害的情況。

雖然長期以來各式立法動議不斷產生，但最後還是要求由法院負責推進並澄清這些問題。然而，幾十年過去，雖說在一些領域中責任變得更加確定，但是每個判決所開啟與定止的紛爭同樣多；新答案引來新問題，此乃普通法的常規。法官們雖樂於在法律爭論中構思其判決與理由，但也難免受到時代變換趨向的牽制與困擾。更迭不止的政治、社會價值觀與法官做法之間，可能並不存在直接的因果關係，但是時間推移總留下蹤跡。與其他人一樣，法官們也在社會中行動，其個人信奉的理念總會或多或少地影響他們的工作。而事實本該如此。如果要維持法律的效力和相關性，它就必須不斷處於變動之中；變幻才是永恆。阿特金法官作為堪稱典範的普通法法官，遺下的不僅僅是其處理問題的一般方法，還有他的實際法律判決。他或許確實配得上被譽為法律界樂善好施的撒瑪利亞人。

普通法隨意的發展模式

　　那麼多諾霍夫人、大衛・史蒂文生和法蘭西斯・明切拉後來怎樣呢？飲料瓶中確實存在一隻蝸牛嗎？還是，那是個驚天大騙局？歷史顯示，後來並沒有進行過審理，而官方也沒有證實，那隻蝸牛是否確實曾在 1928 年 8 月那個夜晚到 "味兒蜜都" 咖啡館做了不受歡迎的顧客。雖然審判定在 1933 年 1 月舉行，但是大衛・史蒂文生卻於 1932 年 11 月就已因闌尾炎逝世。這究竟是意外還是天意，我們不得而知。因為史蒂文生的工廠並未註冊成為公司，所有的責任或債務就由他一人負責。隨後不久，梅・多諾霍從他的遺產中獲得 200 英鎊的和解費用。這筆錢大大超出了她的實際損失。雖然對梅而言，這可算是一筆巨款（那時候，這筆錢相當於普通專業人士一個月的薪金），但是相比史蒂文生超過 12,500 英鎊的淨遺產來算只是點小零頭。史蒂文生的碳酸飲料生意繼續經營，至二十世紀六十年代被英國一間大釀酒廠庫普工業（Ind Coope）吞併，開始生產格拉漢姆金標釀造啤酒（Graham's Golden

Lager）。

法蘭西斯·明切拉雖比史蒂文生的壽命長一些，但在生意上卻沒能像他那樣成功。1931 年，在大法官們宣佈判決時，他早已失業："味兒蜜都"咖啡館已關門大吉。這很可能是因為經濟大衰退所致，而與那隻蝸牛和多諾霍夫人的訴訟無關。法蘭西斯不再銷售冰淇淋，並在佩斯利市公路部門（Roads Department of Paisley Burgh）從事勞動工作。雖然如此，他卻比這場法律戲劇中所有演出者活得都要長久，1970 年去世時，他已過 80 歲高齡。

至於梅，在上議院大法官們宣佈判決時，她已攜同兒子搬到梅特蘭大街（Maitland Street），那裏距離格拉斯哥的商業中心更近。至於她後來的生活，人們知之甚少。她的生活水平似乎在搬家之後有所提升，很多年她與孫兒一起共聚天倫。她的離婚程序進程慢如蝸牛，直到 1945 年時才告終結。遺憾的是，在她生命最後的一刻，事情變得急轉直下。1958 年 3 月 19 日，她在精神病院離開人世，享年 59 歲。梅辭世時，選擇以母親的名字馬貝爾·漢娜（Mabel Hannah）示人，她既不是多諾霍（不是麥卡利斯特：McAlister、McAllister 或 M'Alister），也不是梅。即使在生命盡頭，梅也不知道或者說也未領悟到"味兒蜜都"咖啡館那晚發生的事的深遠意義。

從這宗蝸牛案中，不論在人生與法律方面都受益良多。這種近乎可笑與隨意的方式，正是普通法發展與成長的主要模式。發生在佩斯利市梅・多諾霍身上的一系列意外事件，似乎是通過一種奇怪的方式得到了一套公正的法律規則體系。沿途上荊棘繁茂，包括證據與籌資的難題，令許多人都望而卻步，不敢前行。正正因為這樣，無論對沃特・利奇曼，還是大衛・史蒂文生，我們都應向他們執着的精神致以敬意，他們兩人拒絕在現實困難面前妥協，放棄追求他們自認為重要的道德準則。當然，還有那隻蝸牛，即使是虛構的也罷，牠仍是在法律動物世界中被高度讚譽的一分子。

第 7 章

原住民的權利

有關土地的假象與法律

直到現在，仍能聽到一些人在談論舊世界與新世界，這多少有些出人意料。一般來說，舊世界指的是一些歐洲國家。在十六世紀和十七世紀時，這些國家的航海家行船海上，在全球探險。所謂新世界，是指被航海家們發現的區域，包括南北美洲及澳大利西亞（Australasia）。當然，頗具諷刺意味的是，在被歐洲人"發現"之前，許多古老文明就已經在所謂新世界的土地上繁衍生息了幾千年之久。在這些原住民族與族羣中，有些被入侵者征服，但更多的則被趕盡殺絕，而直到近年，他們才開始尋求司法協助，討回公道，匡正歷史，謀取平反。

土地所有權爭議是多數這類訴求的核心議題。在被"發現"之後，許多原住族羣，或遭強逼或經誘導，將大片土地轉讓給他們的新鄰居。且不談這種買賣是否屬於自由交易，單是原住族羣與歐洲人在人類與土地之間關係的理解上全然不同這一點上，便使問題平添幾分複雜性。在令人憂慮不堪的政治與歷史背景下，許多原住民，或以個人名義，或以羣體名義，提出確認之控訴，要求法院確認他們在土地上的傳統權利，並認可他們有權繼續從事傳統活動。在眾多案件之中，發生在澳洲的一宗案件最富爭議且聲名最為狼藉，因為此案突出了以法律語言描畫政治紛爭所帶來的機緣與障礙。

澳洲原住民土地之爭

在澳洲，部分民族居於島上已有 4 萬餘年的歷史。十八世紀末，大約有 250 個原住民族生活在澳洲大陸和塔斯曼尼亞島（Tasmania）上。在歐洲入侵者永久定居時，原住民約有 50 萬人。各民族之間雖然大體上和平共存，但每個民族都有自己的語言，也自豪地護衛着自己的傳統與文化。然而，1996 年時，族羣數目銳減，僅有極少數語言存留下來，雖然自那時起人口一直保持穩步增長，但已降至只有 28 萬人（約佔澳洲總人口的 2%）。原住民的生活水平、教育設施及普遍狀況越來越差，而且他們的狀況比國內大多數非原住民確實要差得多。

托雷斯海峽（Torres Strait）的島民，是澳洲原住民的一個族羣，他們居住在昆士蘭州北部尖角地帶與巴布亞新幾內亞（Papua New Guinea）之間的許多海島上。他們語言文化獨特，混雜了澳洲人、巴布亞人（Papuan）和美拉尼西亞（Melanesian）人的原住民傳統。這些島上大約居住着 6,000 人，其中大部分生活在澳洲大陸上的湯斯維爾市（Townsville）和開恩茲市（Cairns）。自 1879 年開始，幾乎所有 274 個島嶼都劃歸澳洲昆士蘭州統轄，由其行使主權。這些島嶼由若干不同、半自治的地區政府管理，但這些政府幾乎在不同情況都全部由白人掌控。

艾迪·馬博（Eddie Mabo）曾居於托雷斯海峽內的一個小島上。這位曾經的典型原住民，後來成了島上頗

難管教的人物，因為他非我族類，站出來聲討那種來自
個體和制度、令其族羣長期遭受的不公平對待。1936 年
6 月 29 日，艾迪於邁爾島〔Mer Island，英語裏叫做默
里島（Murray Island）〕出生。他出生時叫艾迪・珂基・
桑伯（Eddie Koiki Sambo），是羅伯特・桑伯（Robert
Sambo）和波伊普・桑伯（Poipe Sambo）夫婦的第五
個孩子。不幸的是，馬博的母親在他出生後不久便撒手人
寰。他轉由舅舅本尼・馬博（Benny Mabo）和舅母麥加
（Maiga）撫養長大。馬博夫婦待艾迪親如己出。因此，
艾迪視本尼為生父，除此之外，他一直都堅稱，根據習慣
法，自己是舅舅的養子，姓馬博。他在邁爾島東北角拉斯
區（Las）的村子裏長大。在那裏，原住民傳統與西方影響
微妙地混合在一起。在昆士蘭州原住民主要保護力量以及
本土事務管理部門（Department of Native Affairs）的支
援下，艾迪只接受了簡單的學校教育；因為那時的政府認
為，原住民兒童無法從更多的學校教育中受益。然而，由
政府聘任的教師羅伯特・邁爾斯（Robert Miles）在艾迪幼
小的時候便選出他，認為他是一個非常有潛質、可愛的早
熟兒童。他輔導艾迪學習，提升他的英語水平。

　　但是艾迪卻是個既粗暴又沒耐性的年輕人。他 16 歲
的時候，就因醉酒後作出的不端行為，以及與一位島上女
孩發生不正當關係而被控有罪。他因而被驅逐出星期四島
（Thursday Island）一年時間；星期四島是托雷斯海峽行

政總部的所在地，專供白人居住。

此時，與艾迪一樣，島上居民並不具有完整的澳洲公民身份；他們沒有投票權，必須在得到官方允許的情況下才能遷移。在回到邁爾島之前，艾迪曾在當地一艘採珍珠的小漁船上工作過幾年，生活比沒有報酬的拾荒者稍好些。回到邁爾島之後，他繼續在另一艘小漁船上做工人，但是他知道，大陸才是淘金之地。因此，1957 年，20 歲的他離開家庭這個安全港灣，到大陸上碰碰運氣。

二十世紀五十年代，昆士蘭州的"黑人們"與艾迪相似，生活困苦不堪。就業機會匱乏，即使找到工作，收入也極低。艾迪到那裏之後不久，便結識了後來的妻子，同是原住民的博尼塔・耐豪（Bonita Nehow），或是像艾迪那樣叫她"耐塔"（Netta）。他們於 1959 年結婚，1962 年時，這個小家庭舉家遷往湯斯維爾市，那是一座擁有十萬左右人口的城市。他倆生養了七個孩子，還從家族大家庭（extended family）裏收養了三個孩子。工作不穩定的艾迪逐漸參與到原住民的政治活動（aboriginal politics）當中。除了對自己受到的對待不滿外，他還致力於改善澳洲原住民生活狀況。正如一位傳記作家所言，他變成了"一個超凡的麻煩製造者"（shit-disturber *par excellence*）。在本族原住民中，他並不是在各方面都受到島上同伴的歡迎，而只是在那場為原住民和島上居民爭取投票權的運動中，作為積極分子而得到肯定。直到 1967 年，經過艱辛的努力，他們才獲得這項遲來的基本權利。不過，雖然事情發展已有所突破，但原住民期望有更大及更穩步的發展。

　　雖然艾迪一大段的成年人生都在大陸上度過，但他從未忘懷小島上的生活，常常提及想回到島上生活。在往後的十年左右，他以參與各個不同的島民組織（island organizations）以緩解他的思鄉情緒。但是，他時常桀驁不馴的性格使他不受島上同伴歡迎。1967 至 1975 年間，他在詹姆斯庫克大學（James Cook University）擔任園丁，他利用大學的圖書館，進一步了解島上居民的歷史。他更參加一些關於原住民歷史和政治活動（politics）的課程與研討會。漸漸地，他將自己與原住民的文化傳統緊緊聯繫在一起，並將其視為一種知識追求、一項個人事業和一個政治責任（political commitment）。他組建了湯斯維爾市黑人族羣學校（Townsville Black Community School），而他的奉獻精神得到了國內認可；他獲委任加入澳洲原住民文化委員會（Australia's Aboriginal Arts Council）和國家原住民教育委員會（National Aboriginal Education Committee）。

　　從 1973 年開始，艾迪的幹勁與激情就開始顯現出來。那個時候，艾迪已經離家多年，1957 年開始他再也沒有回過家鄉。在他的舅父本尼病重時，艾迪的孩子中只有一人去看望過他。於是，艾迪決定帶妻子及家人返回邁爾島。然而，在抵達星期四島時，他接到了一封來自默里委員會

（Murray Council）主席簽發的電報，拒絕其入境。而艾迪最終無法見他舅父最後一面。只是到 1977 年，他才在未經允許的情況下，短暫回到邁爾島。這一次，艾迪才知道他繼承了舅父的地產。當有人告訴艾迪，那塊土地已是官地，而非他或其家族的土地時，他發誓絕不放棄爭取那塊土地的權利——"那塊地不是他們的，是我們的。"

1981 年，深感冤屈與傷害的艾迪在詹姆斯庫克大學參加了一次有關土地權益的研討會。這一事件不僅改變了艾迪的生活，而且還改變了絕大多數澳洲人（無論是原住民還是白人）的生活。艾迪獲邀出席會議，會上他堅決地指出，島上居民要求擁有屬於他們自己的土地，並依慣例制度對島上的財產擁有所有權。憑藉着國際社會對此類事件的興趣日漸高漲的潮流，許多出席會議的著名律師都被艾迪的言論及其親身經歷所感染。葛列格‧麥金太爾（Greg McIntyre）便是其中一位。他是開恩茲市原住民法律服務組織（Aboriginal Legal Service）的一位年輕律師。在原住民條約委員會（Aboriginal Treaty Committee）的"紐吉特"庫姆斯（"Nugget" Coombs）博士和人類學家諾尼‧夏普（Nonie Sharp）的支持下，他同意作為事務律師，參與這宗可能成為標準判例（test case）的案件，通過法院系統確立托雷斯海峽島居民對土地的權利。著名的馬博案準備就緒，蓄勢待發。

他們召集了五名邁爾島居民作為原告，分別是艾迪‧

馬博、薩姆·帕西（Sam Passi）、戴夫·帕西神父（Father Dave Passi）、詹姆斯·賴斯（James Rice）和塞路莉亞·馬普·薩利（Celuia Mapo Salee）。除葛列格·麥金太爾之外，這支訴訟團隊還包括巴巴拉·霍金（Barbara Hocking）（來自墨爾本（Melbourne）的出庭大律師，長期為原住民的權利奔走辯護，並説服他人參與這項事業）、羅恩·卡斯坦（Ron Castan）（曾是澳洲御用大律師的主要成員之一，及一位扭轉乾坤的鬥士），以及布賴恩·基翁—柯恩（Bryan Keon-Cohen）（年輕的初級出庭律師）。審訊程序並不尋常，審判選擇在澳洲最高級法院，即位於坎培拉（Canberra）的高等法院舉行。與其他國家的訴訟程序制度不同，高等法院不僅具有上訴案件的裁判權，也具有直接聽審案件的裁判權和初審案件的管轄權。這註定會是一宗能激起意味深長的波瀾的案件。而且，結果並不令人感到遺憾。

原住民土地訴訟權的確認

馬博案的被告是昆士蘭州政府。儘管那時澳洲的相關訴訟很少，但是大量的聯邦法律和法學理論都圍繞着原住民權利（native title）的概念展開討論。雖然這是一場長期的論戰，然而一般的處理方法是，認定澳洲的土地為無主之地（*terra nullius*）。十八世紀末，這個地方還被英國人認為是荒島，原因是在那裏僅僅發現"原始"（"primitive"）

形式的社會組織。這意味着，當地不存在可以應用的本土法律；因此，英國法律處於支配地位 —— 所有土地屬於王室，而且可以在不理會當地居民訴求的情況下處置土地。結果，儘管 1882 年時昆士蘭政府保留默里島作為當地居民的棲息地，但是這一事實並不等於授予島民任何更多的或者特別的權利。英國法仍然是島上通行的法律，所有財產都完全屬於王室，並不受任何限制。這就好像托雷斯海峽諸島實際上屬於遙遠的大英帝國的一部分一樣。

　　艾迪與其他原告依據一套全然不同的論點和理解來提出訴訟請求。他們對昆士蘭州政府享有邁爾島主權的事實表示懷疑，認為邁爾島應由托雷斯海峽島民依據當地習慣和原住權利享有土地所有權。儘管島民是在澳洲一般主權的統轄之下，但這一事實並不能消除島民在邁爾島上保持的原住土地制度。原住民的這項法律制度名為馬婁法（Malo's law），該法在宗教意義上為島民提出了一系列教導與訓誡，規範島民應如何崇拜土地，如何與土地保持關係；同時該法也提供了一些實質性的規則，以規範代際（generation）繼承的問題。實際上，艾迪和他的夥伴島民堅決認為，雖然他們的土地已被人偷走了，但他們對土地的權利仍然存在，而且應予確認。即使此法聲稱"只有遵守馬婁法的島民才是真正島民"，但一個迫在眉睫的問題是，這種制度只靠口耳相傳，並無檔案可查，因此難以在非原住民討論當中作出證明。馬婁法的說服力似乎並不足以應對英國法律的強大破壞力。

　除了存在許多需要在法律上尋求突破的障礙之外，對島民而言，還有兩個重要問題需要解決。首先，眼前的問題是如何資助這次訴訟。他們要起訴的被告是傾向保守的昆士蘭州政府，它具有雄厚的經濟實力，有權力用政治命令抵制他們提出的任何要求。儘管他們竭盡全力，也只能從聯邦政府那裏得到 5 萬澳元的資助款。然而，艾迪和其他原告不得不拿出自己微薄的存款，維持訴訟的正常運作，而這一點在很多方面破壞訴訟的進行。其次，島民之間也並不團結，並不是一心一意支持艾迪的訴求。艾迪從不讓步的個人性格，加上他此前曾離開邁爾島 25 年之久，但現在卻要代表島民，並決定他們島上的政治和社會生活，以致島民對他疑心更重。訴訟與社會變革的大山，一直都異常陡峭，而且需要耗費很多精力，而在二十世紀八十年代早期，它們看來尤其難以逾越。

　經過幾個月的法律分析與歷史研究之後，1982 年 5 月 20 日，原告將訴狀提交至澳洲高等法院設於布里斯班（Brisbane）的登記處。三個月之後，昆士蘭州政府以訴訟請求 " 輕率且無理 " 為由要求駁回起訴。昆士蘭州政府辯稱，本案的訴訟請求理由無理，並曾圍繞原住民土地所有權的問題作出一系列完整的論證。特別是，州政府除了希望通過法律先例作出明顯有利於他們的評價外，還特別重視島民已經轉信基督教這一事實，表明島民已經放棄他

.

們自身純粹的原住民傳統。面對這樣的證據，高等法院裁定，直至當事人雙方能夠就事實表述達成一致意見，否則將無限期休庭。在接下來的三年裏，昆士蘭州政府聘任律師充分利用法律手段和程序策略來挫敗原告的訴訟請求，致使訴訟流產。但是艾迪及其律師們並未真正放過對手，而是投入其中，持續開展漫長的抗戰。

由於所謂的政治自尊受到打擊，昆士蘭州政府決定，他們不會一再讓步。1985 年，昆士蘭州政府倉促頒佈了《昆士蘭海岸島嶼宣告法案》（*Queensland Coast Island Declaratory Act*）。這項法案意義深遠，其中宣佈原住民土地所有權已在 1879 年島嶼合併時終止，而原住民對各個島嶼享有的所有權已歸昆士蘭州所有，"不受其他任何權利、利益和訴求的約束"。這是政府發動的一個企圖終止訴訟的舉動；以運用當下權力為根據來代替任何對歷史記錄的依賴。對馬博團隊而言，唯一的選擇是回到高等法院，質疑此項法案的法律效力。

雖然澳洲擁有一部成文憲法，然而那不是（至現在也不是）一部根深蒂固的權利法案。這就意味着，人們無法訴諸憲法平等作為論證根據。因此，1988 年 3 月中旬，在呈交高等法院的答辯中，艾迪的律師從普遍的憲法原則出發提出，當聯邦法律與各州立法之間存在不一致時，必須優先適用聯邦法律。由於那項於 1985 年頒佈的《昆士蘭州法案》（*Queensland Act of 1985*）與 1975 年頒佈的聯邦《種族歧視法案》(*Racial Discrimination Act of 1975*) 相抵觸,因此前者必須被撤銷。直至 12 月,高等法院僅以 4 比 3 的投票結果,作出支持原告的判決。判決認定,雖然在未受質疑的情況下,昆士蘭州法案確實會有效地終止島民所有的原住民土地所有權,但它不公平地違背了聯邦政府已經認定允許擁有和繼承財產的權利。此項法案被宣佈無效。本案被稱為馬博訴昆士蘭州政府 (一號案)〔*Mabo v. Queensland* (*No.1*)〕,並使艾迪及其他人可以依此繼續推動他們最初的訴訟請求。

當馬博一號案中費錢耗時的干擾被解決之後,接下來對於島民擁有原住民土地權利的主要訴訟請求就繼續進行。1986 年 2 月,首席大法官哈里・吉布斯 (Harry Gibbs) 判定,本案應交由昆士蘭州最高法院 (Supreme Court of Queensland) 的馬丁・莫伊尼漢大法官 (Justice Marin Moynihan) 裁斷,並由他來判斷爭議的事實問題。相關程序於 1986 年 10 月展開。有關島嶼歷史、習慣以及馬婁法等多卷冗長乏味的證據被提交到法庭。艾迪・馬博獨自被審問及覆問了整整九天九夜;由於其中出現反駁的證據,對他的審問時斷時續。政府方面提出的質詢主要是,馬博的證據全是傳聞,因此不可採納。由於口述傳統留下的證據只能通過聽取講述才能了解情況,所以是一個厭煩的過程。1987 年 2 月,案件陷入僵局,案件只得延期審理。他們得等待馬博一號案的程序完成,才能得到本案的判決結果。

　　直到兩年之後的 1989 年 5 月，莫伊尼漢大法官才重新召開審訊程序。雙方當事人為了推動案件發展，彼此都一致認為，法院應在托雷斯海峽開庭；而審訊安排在邁爾島和星期四島舉行。莫伊尼漢大法官將這次審訊過程稱為"偉大的北部之旅"（Great Northern Expedition）。34 名島民以及 5 位人類學專家（anthropological experts）出庭作證。審訊進行了 50 天，直到 1989 年 9 月 6 日，法庭才最終得出結論。莫伊尼漢大法官在面對眼下這個極難應付的任務時，顯得有些經驗不足，他必須搞清楚雙方呈上法庭的書面證據和證人證供，這些混在一起、雜亂無章的證據材料加起來一共有 3,464 頁文字記錄，和 330 餘件證物（exhibits）。在這個間隔時間，艾迪・馬博與家人已經返回湯斯維爾市，並開始在自己的船上工作，這艘船被他的鄰居命名為"諾亞方舟"（Noah's Ark）。

　　超過一年以後，即 1990 年 11 月 16 日，莫伊尼漢大法官向高等法院提交報告。這份報告由三大卷構成，共400 餘頁。但是，大法官在報告中得出的結論和法官調查的進程，卻對艾迪及其法律團隊造成戲劇性的沉重打擊。雖然大法官認定，邁爾島島民的確對土地保留着強烈的習俗意識，而且遵循着當中的強制性規定，但他卻指出艾迪提供的大部分證據並不可信。他得出結論，無法接納艾迪曾經由其舅父收養的事實：這表明艾迪無權繼承他聲請擁有的財產。起先，艾迪被這項公開指責徹底擊倒，但在家人和朋友的支持下，他漸漸回復鬥志。他堅定的決心遭受重擊，但卻未被擊垮。在諮詢過律師之後，他們決定孤注一擲——放棄任何針對莫伊尼漢大法官認定的結論的上訴請求，轉而直接參與高等法院的終審聆訊。

1991 年 5 月下旬，艾迪花費了 36 個小時從湯斯維爾市乘車奔赴坎培拉。相比雙方代理律師此前的幾次交手，這裏的法庭辯論更為克制、更加莊嚴肅穆，但是雙方本質上的敵對情緒一觸即發；法律上的細枝末節掩蓋了這場激烈的政治抗爭。雙方陳述持續了三天，而與往常情況一樣，七位法官退庭後分別寫下各自的判決意見。除了等待，艾迪與其他所有人一樣束手無策。艾迪回到湯斯維爾市，繼續在船上工作，而且還選修了幾個持續教育課程。一年多以後，高等法院宣佈判決。

1992 年 6 月 3 日，高等法院結束了在其 90 年歷史中辯論最為激烈、最為吃重的一宗案件。該案判決以 6 比 1 大比數的投票結果通過，法院認定那個 “無主之地” 的虛構概念並不適用於本案：根據原住民土地權利，澳洲原住居民自傳統上就擁有土地，而且這種權利不因王室的行為而自然喪失，這種權利直到今天仍然具有法律效力。高等法院作出的這種認定，具有歷史意義，並確立了理解土地權訴訟的一般框架，而且在很大程度上，它證明了艾迪·馬博及其他島民所進行的長期鬥爭是正確的。需要特別指出的是，高等法院還認為，雖然邁爾島目前處於澳洲政府的統轄之下，但其土地並非官地，邁爾島島民有權擁有、佔有、使用並且享受依據其傳統體系所規定的所有權和繼承權。艾迪·馬博對其家族土地所提出的訴求理應由邁爾島島民，而非昆士蘭州政府或莫伊尼漢大法官來決定。

然而，與其他法庭判決經常出現的情況一樣，細節決定成敗。雖然法官言論的主旨對原住民有利，但是法庭判決的具體適用範圍和意義十分微妙，有機會引起爭議。雖然法官們異常關注並強調他們僅僅是提供法律意見，而非表達政治觀點，但為此他們指出"除非而且直到國家承認自己過去所做的非正義行為，並從這些行為中撤退，否則國家的聲譽便會受損"。可惜的是，投贊成票的六位法官，其支持原住民土地權利的理由各不相同，他們作出了四種不同的意見。毫無疑問，拖延這麼久，部分原因是他們無法達成更為統一的觀點。佔多數意見的六位法官包括：首席大法官安東尼·梅森（Chief Justice Anthony Mason）、傑勒德·布倫南大法官（Justice Gerard Brennan）、威廉·迪恩大法官（Justice William Deane）、約翰·圖希大法官（Justice John Toohey）、瑪麗·戈德龍大法官（Justice Mary Gaudron）和邁克爾·麥克休大法官（Justice Michael McHugh），他們認可原住民權利存在的事實，而且認為澳洲的普通法也承認這種權利。不過，他們的分歧在於，州政府在何種情況下可以取消這種權利，以及在取消權利時是否必須對原住民族羣作出補償。

　　大法官達里爾·道森（Daryl Dawson）提出反對意見。他曾是一名政客，還擔任過維多利亞州（Victoria）的副檢察長。他另闢蹊徑，堅持認為"嘗試修改歷史或者拒絕承認其法律影響的做法大錯特錯，這樣做現在似乎令人無法認同……（同時）是在抨擊用來裁判本案所必須依據的法律體系的基礎"。與投多數票的法官一樣，他也確認原住民權利在澳洲普通法底下概念的可能性。然而，道森的結論很堅定，他指出在十八世紀末合併小島時，王室已經開始對土地享有所有權，這種權利不受任何原住民利益或權利妨礙。

　　十年的鬥爭終歸得到勝利，但是原住民與州政府的世紀大戰卻仍然持續。馬博二號案（*Mabo*(*No.2*)）取得的勝利意義深遠，特別是當人們意識到，如果失敗將會大大削弱原住民的事業。其他國家的原住民族羣非常關注在澳洲的這場勝利；它激勵着他們更加努力，推動社會更進一步確認原住民的土地權訴訟。雖然如此，要將馬博案在法律上取得的勝利轉變成原住民現實的確定收穫，要付出的努力還有許多。

立法協助原住民獲取與管理土地

　　高等法院就馬博二號案作出的判決，遺留了許多尚未解決的問題。與曠日持久的法庭程序相比，這次聯邦政府迅速行動，在判決下達翌年，即 1993 年，便頒佈了《原住民權利法案》（*Native Title Act*）。該法案討論了仍然存在的兩項緊迫問題。第一個問題是釐清框架，讓原住民可以在這個框架內提出具體的原住民權利訴訟。另外，設立國家原住民權利法庭（National Native Title Tribunal），促進並提高權利訴訟程序的效率，以替代像馬博案那樣耗費以十年計的高昂訴訟程序。這個法庭並不排除提出某些民事訴訟的需要。但是馬博案之後的十年間，在澳洲的其他地方，相關當事人就原住民權利一共達成了 23 份協議；另外，經過聯邦法院的審判後，還進一步作出過七份判決。

　　第二個問題十分關鍵而且引發較多爭議，即確定能夠取消原住民權利的明確方式。事實上，馬博案的判決只適用於一小部分原住民，以及托雷斯海峽島上的居民。廣袤土地上對原住民權利的訴訟早已被消除；高等法院的判決中，沒有要求推翻過去曾經取消的權利，也沒有要求恢復已經終止、基於原住民權利提出的訴訟請求。然而，那份 1993 年的法案以一種積極姿態表明，自此以後，除非政府做好公平補償原住民土地持有者的準備，否則原住民權利不可被取消。同時，政府還肩負另一種責任，就是在取消原住民權利之前，務必與權利人進行充分協商。此外，對於附有原住民權利的土地，如果將來發生與之有關的一切活動，都由這項立法進行規管。1995 年，聯邦議會通過一項立法，設立土地基金會（Land Fund）和原住民土地公司（Indigenous Land Corporation），以協助原住民獲取並管理土地。

雖然有了這些立法動議，但原住民仍舊向法院提出一些與土地有關的訴訟請求。1996 年 12 月，高等法院對另外一宗昆士蘭州案件 —— 維克部落案（*The Wik Peoples*）—— 作出裁決，這份判決被稱為 "發生在大陸的馬博案"。維克人棲息在北部霍恩海角地帶（Cape Horn region），而本案所關注的是，究竟政府認可的合法土地租約有否取消他們所擁有的原住民土地權利。一般來說，這個問題在澳洲牽涉範圍很廣，因為依據這種土地租約佔有的土地，佔澳洲總面積的 50%，佔指定歸私人使用土地面積的 75%。在一次具有代表性的衝突之中，原住民要求以傳統方式使用土地，而礦產開採行業則想要開發龐大的天然資源。高等法院以 4 比 3 的投票結果通過判決，這份講究實效的判決指出，政府認可的土地租約是法律規定的合約必要條件（legal necessity），沒有自動取消原住民權利：原住民權利可以與基於租約的佔有並存。然而，當兩者的權益產生衝突時，以土地租約的效力優先，原住民以舉辦典禮或存積糧食的權利因此被取消。這份判決並未受到馬博案的太多影響，但是它的確承認，在法律允許的最低限度內，原住民權利即使可以被犧牲掉，仍具有重要的法律影響力。

當然，上文敍述的原住民土地訴求之旅，並不是澳洲

獨有的現象。除了在一開始便完全滅絕原住民的那些國家
之外，屬於所謂新世界的絕大多數國家，都面臨着這種現
代的挑戰難題。雖說當中存在着一些重要差別，但是通
過對原住民土地訴訟的政治和法律約定的途徑與模式介入
後，最終得出的結果大體一致。核心問題仍舊是與設定原
始權利有關的爭議，以及在認定這些權利何時已被取消所
出現的爭議。不論法院在其中多麼盡力地隱匿事實，它們
還是揭示出，法律與政策之間在這些富有爭議的事情上，
如何保持着非常親密的關係。

　　例如，在加拿大恢復國籍的問題上，1982 年的《加
拿大憲法》就包含這樣的規定："本法認可並肯定加拿
大原住民既有的原住民權利和協約規定權利。"當然，
法院所面臨的挑戰是，要釐定"既有的"（*existing*）與
"認可"（*recognized*）的含義。儘管各家法院的法理學
（jurisprudence）絕不會如人所願地保持整齊劃一（或者
說，一概使人放心），但還是會在整體上認真對待原住民的
各項權利。在查明何種原住民權利存在的過程中，政府的
責任在於證明曾經存在一項明確措施，取消長期堅持實踐
的傳統原住民權利，這些權利包括原住民權利的訴訟權。
但是法院依靠嫁接的一份附件（rider），認定聯邦政府普
遍有一般權力合理限制原住民行使他們的權利，而這有效
抑制了原住民權利潛在的絕對屬性。同時，加拿大法院與
澳洲法院不同，前者已做好準備支持一個具有延展性的觀

念，即原住民與非原住民的土地使用權同時並存。即使在法律上互相矛盾，但只要土地所有人使用土地的方式與爭議中的原住民權利之間不發生衝突，原住民使用土地的權利就可以一直存在下去。

美國的情況與澳洲相似，但是法院介入爭論的時間更快。自 1810 年弗萊徹訴佩克案（*Fletcher v. Peck*）的判決開始，美國法院就一直在為原住民權利的訴訟提供護航。無論在美國獨立之前還是之後，當政府將任何土地轉讓給非原住民時，這種轉讓都被認為不包括原住民土地的轉讓，或者是已轉讓的土地仍需服從原住民的權利。這意味着，即使原住民族羣並不享有土地所有權，但他們仍保留着以傳統方式佔有土地的權利。儘管如此，美國國會保留取消原住民權利的絕對權力。首席大法官馬歇爾（Chief Justice Marshall）於 1823 年作出的法庭意見至今仍然有效，其中指出 "不論取消原住民權利的決定所根據的是條約、戰爭、交易、相對於佔有權的完全主權實現，或其他方式，法院都不予受理與之相關的正義訴求"。然而，只有在極為迫切與清晰的情況下，聯邦法院才會認可立法所作出的取消決議具有效性；而這些情況極少出現。

因此，環顧全球，在原住民權利發展的歷程中，似乎存在着令人困惑的相似模式。首先，除非原住民族羣準備為權利背水一戰，否則他們所得的極其有限。像艾迪·馬博那樣，為了向力量差異懸殊的對手施加壓力，他們必須

表明他們的高度參與以及勇敢堅毅。第二，法院準備支持
以傳統生存方式存在的原住民權利；他們不會心甘情願地
擴大或更新這些權利，以使他們有能力在當代的經濟生產
或共同存在的模式下存活。第三，如果爭議的土地尚未落
入非原住民手中，或者不具備直接進行資源開發的潛力，那
麼關於原住民權利的法律訴訟會進展得更順利。簡言之，
法院養成了一種陋習，他們與原住民只是能共富貴不可共
患難的朋友；他們提供的支持往往是有條件、有限度的。

紀念維權鬥士

　　在馬博案訴訟的光彩外表之下，其實還有其陰暗的一
面。1991 年 5 月，在高等法院初次審訊之後，艾迪·馬
博回到昆士蘭州湯斯維爾市的家中。但是幾個月以後，他
的胸背部開始隱隱作痛。及至 11 月，他已無法說話，僅
能發出嘶啞的微弱聲音。醫院診斷他患上末期喉癌，繼發
癌細胞已擴散至骨髓。55 歲時，醫院告知他的病症已無法
治癒，僅剩數個月生命。1992 年 1 月 21 日，艾迪·馬博
離世，最終沒能趕上僅僅在五個月之後澳洲高等法院作出
對他有利的終審判決。不論是他死亡的事實還是死亡的時
間，都是一種悲劇性的不幸。但是艾迪·馬博在歷史上確
實佔領了一席之地。

　　雖然艾迪本來想在邁爾島拉斯區的家鄉埋葬，但最
終他還是於 1992 年 2 月 1 日被埋在了湯斯維爾市的公墓

（Townsville Cemetery）。葬禮上人山人海，參加者來自澳洲各地，既有顯要人物，也有普通民眾。在三年傳統服喪期過後，人們還舉辦了後續的追思悼念活動。但是，一個夜晚左右，幾個破壞分子就蓄意褻瀆了艾迪的墓址，他們在其墓碑上噴塗了八個紅色的納粹黨卐字記號，以及塗上含有種族主義色彩的蔑稱 ── 土著佬（Abo）；同時他們還盜走了在其上的銅質淺浮雕艾迪頭像。針對這一舉動，人們迅速作出反應 ── 將艾迪的遺體轉移到邁爾島。在重新下葬時，島民為他舉辦了一場與皇帝禮葬同等規格的葬禮，這種葬禮已 80 多年沒有舉辦過了。倘若艾迪泉下有知，他一定會對此待遇及其死後所獲得的許多獎項感到異常歡喜。但是最令他滿足的一天肯定是 2008 年 5 月 21 日：詹姆斯庫克大學為了紀念他們那位聲名顯赫的園丁，在這一天將位於湯斯維爾市的校園圖書館命名為艾迪·珂基·馬博圖書館（Eddie Koiki Mabo Library）。

第 8 章

磨坊裏的摩擦

為協議設定限制

人們每天都在訂立協議；它們隨處可見，但並不顯眼。幾乎在所有時刻，例如我們購物時、拜會朋友時、買咖啡時，以及乘坐公共交通工具時，協議都會順利履行。每一份協議都包含一種安排，其中兩個人作出承諾，共同完成某些通常會令雙方都互有得益的事情。這種情況通常但並不一定包含着某種金錢或服務的交換。每當人們確實遇到問題時，他們一般情況下或者會通過某種形式的談判來解決問題，或者是勉為其難地接受。然而，還存在一些情況，當人們牽涉其中的利益足夠重要時，人們便會尋求法律援助，或證明自身無辜。法律的任務就是要準備好認定哪些協議會導致法律關係產生，以及有哪些賠償方案可以擺平憤憤不平的當事人。

雖然不同領域（如保險、投資、不動產）各有特殊的規則，但是對訂立協議活動的規範還是要在合約法（law of contract）總則設計的基本框架內進行。法律就好像友善的客人，只在受到邀請時才會介入整個過程；法律程序不具有一般意義的監控作用，可以用來核准或監管所有協議。但是，當法律介入後，在所有法律出現的地方，法律的原則與標準便會被用來評價協議的內容、協議的履行，尤其是違反協議中明述（express）或隱含（implied）的條款與條件所帶來的後果。其中一個爭議點直指合約法的核心，而且依然吸引法官和法學家們的關注，即在協議終止時，應當如何計算當事人有權通過訴訟請求的損害賠償數額（damages）。一宗發生在英國的陳年舊案，仍然是解決現代合約損害賠償問題的主要法律淵源。

對於過失行為的賠償問題

十九世紀中期，英國的工業革命正在如火如荼地進行。這場遠離依靠農耕的社會（agrarian-grounded society）與社區（community），轉向一種更加依賴製造業的經濟與文化運動，自十八世紀後期啟動，但直至十九世紀三十至四十年代才開始蓬勃發展，影響遍佈全國。紡織品生產的機械化、煤炭開採、鋼鐵製造流程的創新都促成了這段時期社會的巨大變革。貿易擴張加速了人口增長，越來越多的人移居城市中心，此外運輸基礎設施也獲得了巨大發展。財富與機會也伴隨着發展而大量增多。這究竟是好消息還是壞消息，在人們眼中，答案還是要由個人在動盪社會中所處的位置來決定。編年史家查理斯・狄更斯（Charles Dickens）習慣將這個時代稱為一場與眾不同的革命，"那是最好的時代，那是最壞的時代；……那是希望的春天，那是絕望的冬天。"

格洛斯特郡（Gloucester）位於英國西南部，緊鄰威爾斯（Welsh）邊境。她是一座以中產階級為主的外省（provincial）城鎮，橫跨塞文河（river Severn），距離英國眾多工業中心之一的伯明翰（Birmingham）約 50 英里，人們普遍認為格洛斯特郡是十九世紀的世界工廠。然而，在十九世紀五十年代，格洛斯特郡的市鎮成功趕上了國內劃時代的一場巨變，在新的工業時代中奠定了自己的特殊地位。她出人意料地成為一座港口城鎮，使地處內陸的伯明翰能夠接觸到更加豐富的生產原料和更為廣闊的全球市場。

英格蘭的運河網絡可說是一項技術奇蹟。在鐵路時代到來之前，在運送大量笨重貨物（如煤炭與鐵礦石）方面，運河是比公路更為經濟與高效率的一種運輸方式。1791 至 1827 年這四分之一個世紀之間，人們修建了格洛斯特與夏普內斯運河（Gloucester and Sharpness Canal）〔最初稱為格洛斯特與伯克萊運河（Gloucester and Berkeley Canal）〕。這條運河從格洛斯特港直達塞文河河口（Severn Estuary），全長 16 英里；這條運河容許更大的海上船舶沿河道向內陸行駛，行駛距離要比僅靠潮汐作用所能駛入的距離更遠。這條運河建成時，是國內運河中最長、最寬的一條。這條運河提供了通往工業中心的便捷通道，使格洛斯特迅速提升為一個重要的海事活動中心。1846 年，《穀物法》（*Corn Laws*）被廢止（停止對穀物及其他莊稼徵收進口關稅），格洛斯特自此開始崛起成為西南部商業的重要樞紐。

為了利用這些發展成果來獲取利益，當地兩位商人發現他們最重要的機遇。哈德利（Hadley）兄弟二人：約瑟夫（Joseph）與約拿（Jonah），決定直接在格洛斯特郡的

碼頭周邊興建一座磨坊；現有的磨坊都離碼頭較遠，需要
支付把原材料運到碼頭的額外運輸費用。1850 年，他們的
磨坊建成投產，這家技術領先的麵粉研磨廠被命名為"城
市麵粉廠"（City Mills），位於格洛斯特郡北部，緊鄰商業
路（Commercial Road）。磨坊最初由主體建築和毗鄰的
機房構成，在清除入口玉米雜質及玉米研磨業務方面利潤
豐厚。為了把握事業成功帶來的機遇，兩兄弟在磨坊裏安
裝了更多更高質量的機器設備，使其在原有的規模與容量
基礎上翻了一倍。作為他們安裝最先進設備的承諾的一部
分，所有機器設備都由蒸汽機驅動。然而，因為這項技術
仍處於發展初期，主要部件都是依個別消費者的需求特殊
設計與訂製的；這種機器設計尚不能進行大規模的生產製
造。

　　1853 年 5 月 11 日星期三，哈德利家的蒸汽機出現
故障，停止運轉。翌日，他們找出故障原因，機器停轉是
由齒輪軸斷裂所造成的。星期五那天，他們不情願地作
出決定，必須把機軸送回設計製造機器的機械師那裏，因
為當地沒有能夠維修機軸的設備。機器製造商喬伊絲公
司（Joyce and Co.）位於倫敦市中心周邊的格林威治區
（Greenwich），離磨坊 125 英里。喬伊絲公司答覆，他們
打算將舊的機軸作為模型，用來生產能夠加速機器運轉的
新機軸。毫無疑問，哈德利兄弟對這樣的技術進步並不感
興趣。因為，在城市麵粉廠停產的這段時間裏，他們會損

失大量利潤，還會產生更多花費。

　　哈德利兄弟指派一名辦公室僱員，負責將機軸運往喬伊絲公司。這名僱員與皮克福德公司（Pickford and Co.）取得聯繫。皮克福德公司的老闆是約瑟夫・巴克森德爾（Joseph Baxendale），他是維多利亞時代最傑出商人的代表。他的父親是蘭開夏郡（Lancashire）的一位著名外科醫生。1806 年，21 歲的約瑟夫離開倫敦，在一個亞麻布批發商工作。在那裏，他學會了一些會計和管理技能，這些技能對他後來的事業發展幫助很大。在積累了一小筆資金以後，他又從與棉紡廠老闆女兒的婚姻中，輕鬆得到一大筆資本，隨後他與扎卡里・蘭頓（Zachary Langton）、查理斯・英曼（Charles Inman）和休・霍恩比・伯利（Hugh Hornby Burley）一起，成為皮克福德公司的合夥人。此時，這家公司是曼徹斯特南部掙扎求存的運輸公司；它由威爾・皮克福德（Will Pickford）於英國內戰後不久的 1646 年創辦。但是，國內經濟正全面復甦，鐵路系統也正迅速發展，在這樣的背景下，這家公司也逐漸得以復原。由於巴克森德爾的努力工作和嚴苛管理，公司賺取了高額利潤，他也因此在 1824 年成為公司的管理合夥人；與其他運輸公司一樣，他在很大程度上牽涉到鐵路公司的崛起之中。

　　在一個星期五（黑色星期五）上午，哈德利的僱員在皮克福德公司辦公室裏得到熱情款待。接待他的辦事員是

佩雷特先生（Mr. Perret）。在雙方時間不長的談話中涉及
的詳細內容已無法得知，但是交談的具體性質在法律上意
義重大。其中一件事很明確：佩雷特聲稱，只要在第二天
中午 12 點之前接收到機軸，第二天（也就是星期日）機
軸一定會由火車運送到格林威治。然而，哈德利的僱員斷
言，他曾告知佩雷特先生，磨坊已經停工，必須等到新機
軸安裝之後才能開工。因此，他特別強調，壞機軸務必立
即送出去，而且，他還清楚地要求，在交送實際運送人員
後務必要加快運送程序。不過，佩雷特先生並不記得這些
談話內容（exchange）。他一口咬定，所聽到的全部內容
就是，哈德利兄弟是磨坊主，而需要運送的物件是個壞掉
的機軸。解決這些分歧之處，對日後要處理的法律訴訟非
常重要。

　　5 月 14 日，星期六上午 11 點，壞掉的機軸一如約定
被送到皮克福德公司，同時還支付了 2 英鎊 4 先令的運
費。其他情況，比如是否交換過任何文檔，或者是否在運
輸協議中約定了何種具體條款和條件，雙方知之甚少。一
天之後，即星期日早晨，壞掉的機軸被運抵倫敦。然而，
收件工人並不知道這件機軸必須立刻送遞。再過了五天之
後，也就是 5 月 21 日（跟著的星期六），喬伊絲公司才收
到機軸。與此同時，城市麵粉廠仍然停產。雖然哈德利兄
弟預料到會出現長時間的延遲，但是他們並不認為自己應
當承擔因運輸中不必要的耽擱所造成的額外損失。皮克福

德公司也拒不承擔損失。就這樣，一場訴訟在所難免——然而，任何參與此事的人都不曾預測到，他們之間發生的商業小摩擦，會演變成歷史中持續時間最久的訴訟案件之一。

隨後在很短的時間內，哈德利兄弟入稟起訴皮克福德公司。嚴格來說，依據法律，這場訴訟的被告應是約瑟夫・巴克森德爾個人，因為他是公司倫敦總部的管理合夥人。各合夥人本人應對公司的失當行為（misfeasance）承擔無限額的賠償責任。在那個時代，要求公司承擔有限而非個人的責任是政治討論的熱點問題。直到幾年後的 1855 年，這種要求才得以實現。依法律規定，哈德利兄弟最初向巴克森德爾（後成為案件的名稱）追討 300 英鎊的利潤損失，在審訊過程中降到較為合理的 125 英鎊。哈德利兄弟提出請求的依據是，皮克福德公司在工作中存在過失（negligent），而且並未在合理時間內履行義務。巴克森德爾承認工作上存在過失，但卻堅決認為，索賠數額根本無法預見，因而不能成為確定賠償數額的根據。儘管如此，他卻在法庭上提出支付 25 英鎊作為和解出價。

計算違約賠償的規則

1853 年 8 月，事件發生僅三個月，案件便開庭審理；無論從何種標準來看這都是極為高效率的。審訊地點是設在格洛斯特的夏季法庭的王室法院（the Crown Court

at Gloucester's summer assizes)，陪審團由 12 名陪審
員組成，其中 9 人是當地商人，3 人是產權人（property
owners）；或許哈德利兄弟的處境會得到其中不少人的
同情，因為絕大多數企業家都對運輸行業漫不經心的服
務頗有微言。主審法官羅傑・康普頓爵士（Sir Roger
Compton）十分能幹。依據當時的法律規定，在類似事件
中，陪審團完全獨享根據所出示的證據來估斷合理賠償數
額的權力。經過幾個小時簡短的聆訊之後，陪審團在 30 分
鐘內提出了一份對哈德利兄弟有利的折衷判決。12 名陪審
員中的 11 名同意將損失數額定為 45 英鎊；另外一位陪審
員卻堅持要求賠償 75 英鎊。最終，陪審團將賠償數額定
為 50 英鎊。由於巴克森德爾已經同意支付 25 英鎊，法庭
判令他再支付 25 英鎊。

　　1853 年 11 月，巴克森德爾因不服判決而向財稅法庭
（Exchequer Court）的上訴庭提出上訴。審訊於 1854 年
2 月 1 日和 2 日舉行，上訴聆訊的財稅法官（Barons）包
括奧爾德森（Alderson）、派克（Parke）、普拉特（Platt）
和馬丁（Martin）。哈德利兄弟委派以亨利・辛亞・基廷爵
士（Sir Henry Singer Keating）為首、能力超凡的倫敦律
師出庭，而傑出的巴克森德爾卻帶來了一位大人物，這對
於他本人和雄心勃勃的皮克福德公司而言風險很大。他們
的首席法律顧問是詹姆斯・肖・威爾斯爵士（Sir James
Shaw Willes），威爾斯爵士是來自科克郡（Cork）的愛爾

蘭人。在當時，這種做法並不罕見，雖然他未經過正式的法律訓練，但卻是位見多識廣的飽學之士。他精通多國語言，廣泛了解域外法律制度；他曾在西班牙被控謀殺罪，卻在沒有向任何當地法律人士求助的情況下，成功為自己辯護脫罪，因而名聲大振。在財稅法庭的辯護過程中，他力勸法官在構思判決時，要從《法國民法典》（*French Civil Code*）以及羅伯特・波蒂埃（Robert Pothier）的著名評論中尋找智慧。一條概括的追討規則將會扼殺貿易並會在操作時顯得不準確。1855 年，有些醉心於工作的威爾斯爵士，開始擔任皇家民事法庭（court of common pleas）的法官，之後在 1871 年開始任職樞密院（Privy Council）。但是他由於晚年身體狀況欠佳，於 1872 年 10 月 2 日自殺喪生。

法庭面對的唯一問題，便是支付給哈德利兄弟的損失賠償金額。幾星期之後的 1854 年 2 月 23 日，法庭宣判。判決中，法庭一致裁定巴克森德爾上訴成功，應當啟動另一場審訊程序，以讓陪審團可以確定具體的賠償數額。從官方紀錄來看，新的審訊程序從未啟動。我們所能作出的唯一推測便是，已經確定的一項規則對運輸公司非常有利：巴克森德爾表示願意支付約 25 英鎊作為和解賠償。另外，哈德利兄弟理應接受和解，畢竟聊勝於無。

法庭判決由時年 67 歲的財稅法庭法官愛德華・霍爾・奧爾德森（Baron Sir Edward Hall Alderson）讀出。他擁有輝煌的職業履歷，在學生時代，他在數學和古典學方面的傑出表現就給人留下了深刻的印象；曾幾何時，他在閒暇時常享受寫作希臘頌歌（Greek odes）。1830 年，他被委任擔當司法職務，並於 1834 年成為財稅法庭法官。作為一位聲譽極佳的法官，他強調普通法需要保持靈活性，使法律能適應時代不斷變化的要求與價值觀念。儘管常常被吹捧為未來接任的大法官（lord chancellor），但他仍然甘於在任職以外的時間裏，捲入自傷殘殺的英國教會鬥爭中，傾盡全力推動聖公會高派（High Anglicans）的事業。

　　對於一份意義非凡的判決而言，它的篇幅確實太簡短了，一些人可能會補充說，那只是從整塊布中裁剪下來的一小部分。判決中並沒有參考任何學者的觀點，也未徵引任何法律先例。在宣佈新的法庭命令時，奧爾德森法官強調，必須為陪審團提供清晰而詳細的指引。事實上，上訴法庭最初的想法以及在構思判決時的動機，是使損失賠償的核定更能預測：法官們早就做好準備，要管理他們認為越發不可靠的陪審團。因此，他們既熱衷於控制陪審團所具有無拘無束的裁量自由，也願意為評估損失設置專門的標準。判決全文中有以下的一段文字：

　　　　當事人雙方訂立合約後，一方出現違約，另一方因此所應當得到的損失賠償數額，要麼必須公平而合理地考慮違約行為本身自然（也就是，事物的通常情況）產生的損失數額；要麼必須考慮雙方在訂立協議時經過再三考慮合理約定因違約可能造成的損失數額。現在,事實是原告找到被告,在與其交往的過程中訂立合約,而且雙方當事人彼此了解,如果出現這樣的特殊情況,他們可以合理地預估違反這份合約所造成的損失數額。此時,損失賠償數額將會是,當一方當事人已經了解而且理解對方需求時,違反合約通常會帶來的損失數額。然而,從另一方面看,如果違約方完全不知道上述特殊情況,那麼他因違約所應賠償的數額最多只應是,他所能考慮到、在通常情況下會產生的損失數額,同時在絕大多數案件中,這些損失數額不會受任何特殊情況影響而改變。因為在通常環境下發生的絕大多數類似案例中,這樣的損失既不會因為違反合約而自然出現,同時這些損失也不是在特定環境中,被告所能知道或了解的可能成為因違反合約而造成的一個合理且自然的結果。

簡而言之,奧爾德森法官採納了威爾斯的建議,建立了一種與法國法律相似的體制。自此以後,出現了兩種雖然角度不同,但密切相關的計算違約損失賠償數額的規則。首先,一般規則是,損失賠償數額的範圍應當限定於在自然或常規情況下產生的損失,對於那些在交易中不常見的事件,不予特別考慮。其次,對看起來與上述情況不太相關的損失,只在符合如下情況,才可獲得賠償:賠償數額是那些依據合約訂立過程中，傳達出的特定資訊能夠預測得出，而且只能依據這些詳細資訊才能夠預測出的數額。

因此，舉例來説，假定我們之間約定，我收取費用開車送你去參加會議，如果我屆時沒有出現或令你迷路並錯過會議時，你就有權向我索取合理的損失賠償；損失賠償數額可能包括計程車要價或公交汽車票價，與我們預先約定費用之間的差價、損失的計時工資等。但是，即使那次會議實際上是一次見工面試，你也不能要求我賠償因失去了這份工作而造成的損失，除非你能夠證明我知道此事及我同意對此項損失負責。當然，根據那條哈德利案所定下的規則，訂立合約雙方將十分清楚，在特定處境中或情況下，他們接受及拒絕接受的是甚麼。

上述規定意味着，必須依據以下的事實來確定哈德利的訴訟本身：那是哈德利與巴克森達爾在星期五簽訂合約那天，雙方辦事人員在交談過程中，究竟哪些內容已經告知對方，哪些內容沒有告知。審判備忘錄及法律報告中的判決提要收錄了哈德利的一些話，證明哈德利一方確實曾將他們的緊急處境告知皮克福德公司的辦事員佩雷特先生。然而，奧爾德森法官態度強硬地指出，"這些特殊情況從未告知被告"而且"在訂立合約時，原告告知被告的唯一情況，是託運的物品乃磨坊裏壞掉的機軸，同時原告人就是磨坊的兩位主人"。此外，他堅決認為，磨坊通常都會備有多餘的機軸,所以,哈德利兄弟的損失部分是由他們自己造成的。因此,儘管似乎沒有明證可支持奧爾德森法官的觀點,但是他對事實的認證具有決定意義,意味着哈德利兄弟無法利用新規則來支持自己的訴訟請求,也無法取得賠償。

公共承運人的最大法律責任

儘管奧爾德森法官就哈德利案作出的具體裁定似乎是憑空得來,然而事實遠非如此。對於所制定的這條規則,他和他的同僚們可以運用大量的理由進行證明。其中一些理由充分而迷人(即使不能説服所有人),然而卻有一些理由來源語焉不詳。

如以上所述,法官們關注的是為法律注入更多的確定性。這意味着他們不得不奪取損失賠償數額的控制權,使其擺脱陪審員近乎獨裁的自由裁量權。在那以前,陪審團得出的損失賠償數額,經常偏袒本地商人,卻不顧國內其他地方商人的權益,表現出一種令人苦惱的、不可預測並過於放縱的趨勢。根據哈德利案定下的規則建構起來的那種裁量權,使他們距離那目標更近一步;這一規則將會關緊賠償責任的水閘。自此以後,法官們便能指導陪審團,確保合約糾紛中出現的任何損失賠償數額必須與根據無關聯規則(remoteness rules)作出的有限判斷相一致。

由法官們推演出來的無關聯規則,在提出時起直至現在，也展示出一套學術譜系（academic pedigree）。在巴克森德爾的法律顧問詹姆斯・威爾斯的指導下，法庭引進法國法學家羅伯特・波蒂埃的一些理念。在那時新近翻譯的《論法律責任》（*A Treatise on the Law of Obligation*）一書中，波蒂埃指出，"若債務人沒有被控實施任何欺詐行為，而且其過錯僅在於未履行合約義務，此時……此債務人只對訂立合約時預估的損失和利益負責；因為只有這些損失和利益才可以被看作是債務人願意承擔的責任。" 在希歐多爾・賽奇威克（Theodore Sedgwick）的一篇在美國有廣泛影響力的著名文章〈論損失賠償金的估量〉（"A Treatise on the Measure of Damages"）於 1852 年發表的最新第二版中，作者對波蒂埃的平民方案（civilian solution）大加讚許。在哈德利案判決之後，能確保奧爾德森法官的裁判得到廣泛傳播，而且在學術界受到高度讚揚的一個重要因素，便是威爾斯律師是《史密斯指導案例》（*Smith's Leading Cases*）的編輯之一（其他編輯人員恰巧包括哈德利的律師亨利・基廷爵士），那是當時最具影響力的一本註釋英國案例的期刊。奧爾德森法官的裁決被收錄進 1856 年的新版本中。同樣，在威爾斯擔任法官以後，他也常常運用這份裁決來支持他自己作出的判決。

　　事實上，不論判決最初是否獲得學術上的支持，當代評論者已經確認了哈德利案定下的規則，因為這一規則恰

當平衡了以下兩種情況：原告明顯信賴被告和被告需要保
護免受驚動。儘管應當要求被告公平地賠償因其不恰當履
行合約和未完全履行合約而造成的損失，但是他們不應承
擔一切無法預料及間接的損失。用現代經濟學的説法，那
條規則最好是將風險分配給那些更能夠防範可能發生的具
體後果的當事一方。這就是説，在通常情況下，原告（或
被告）更有能力評估可能出現的損失，並獲得適當保障。
如果原告選擇不這樣做，那麼他們將對自己的決定負責，
並承擔由此造成的損失。

　　儘管如此，不論哈德利案判決的內在價值有多大，如
果法律界和商界都沒有滿懷熱情地接受它，那麼該判決絕
不可能成為指導案例。那時的皮克福德公司是一家全國性
的運輸公司，正參與推動運輸業的發展，當時人們認為，
運輸業的成功是英國整體經濟發展與繁榮的關鍵。如果要
求這個處於襁褓階段的行業承擔近乎無限的責任，那麼似
乎是在窒礙而非鼓勵這種重要的開創性事業。在當時的情
況下，運輸成本相對較低；哈德利兄弟僅僅為此次運輸支
付了 2 英鎊多一點。如果要求皮克福德公司承擔 300 英鎊
的利潤損失（或者説，負擔最初成本的 150 倍），加上他們
所運送的機軸價值僅 10 英鎊，那麼在運輸服務提供以及費
用方面所造成的後果將會令人心寒。沒有一家運輸公司願
意為如此小額的對價（consideration）以及如此微不足道
的違約行為，承擔甚具毀滅性的損失風險。哈德利案的判

決因而大大推動了國內企業家和運輸公司的發展。

　　當然，這種依賴學術工作的做法，並非受到任何特別關注普遍學術觀點思想的驅使，而是因為這種做法符合法官與政府更寬泛的工作議程。那時的立法表達了偏袒承運人的強烈立場。1830 年《公共承運人法案》（*Common Carriers Act*）要求委託運輸"用於小指南針的高價值部件"的託運人必須申報運輸價值；如果沒有進行價值申報，託運人只有權追討最多 10 英鎊的損失賠償金。有趣的是，哈德利案的上訴法官之一，詹姆斯·派克法官（Baron James Parke）曾是這一法案的其中一個重要支持者。儘管機軸並不是小小的指南針，但案件的處理方式似乎正是那項法案的應有之義。此外，那時的議會正着手對 1830 年的法案進行各種改革，目的是進一步限定公共承運人的責任範圍。這些立法改革發生在哈德利案判決之後的兩個月，即 1854 年 4 月。從某種意義上說，財稅法庭的法官們只是促使預期發生的變革提前幾星期生效而已。

　　然而，與判決的這些學術解釋與政治解釋同時存在的，很可能還有某些不太正確且較為私人的力量在起作用。在哈德利案中，四位上訴法官中的兩位都與皮克福德公司之間存在私人關係。其中較緊密的是派克法官，他的兄弟在巴克森德爾之前擔任皮克福德公司的執行董事。同樣，撒母耳·馬丁法官（Baron Samuel Martin）在擔任法官之前，曾受巴克森德爾的委託在皮克福德公司擔任過多年常駐律師（standing counsel）。1847 年，也就是哈德利案發生的七年以前，他曾代表巴克森德爾參與過一宗合約案件的處理（那時奧爾德森與派克都是那宗案件的辦案法官）。那時，他極力辯護，堅持認為作為承運人的皮特福德公司，應當承擔的責任僅限於對方直接告知的花費以及合理範圍內的費用。考慮到這些關聯，派克與馬丁作出偏袒一般承運人與（尤其是）皮克福德公司的判決就不那麼令人驚訝了。無可否認，這兩位法官都沒有在哈德利案中提出意見，但他們確實支持奧爾德森法官的判決。雖然在現代社會，存在這些關聯可能會要求法官從審訊和裁判過程中作出迴避，以免判決被視為無效，但是在十九世紀中期，似乎沒有引起這樣的罪疚感。

判決建基的法律原則

　　普通法中所有關於檢驗合約案件中損失賠償數額的討論，仍然以哈德利訴巴克森德爾案（*Hadley v. Baxendale*）作為起點。即使沒有人提到奧爾德森法官的判決中出現過可預見性（foreseeability）這個詞語，但這條規則早已而名聲在外 —— 能夠獲得的損失賠償範圍僅限於，違約方在合約訂立時有理由預見到的、最有可能發生的違約行為所造成的損失。這條規則在全球很快成為普通法體系的一部分，而且至今仍佔有支配地位。由其明顯的實質性訴求所衍生的這一切，要比任何依賴先例權威（由於它並沒有太多先例可循）或憑藉其令人信服的論證（因為確實沒有進行過任何論證）所衍生的一切多得多。

　　一如預期，哈德利案的判決建基於許多法律原則之上，這些已經確立的原則隨着時間推移會由法院不斷予以完善：

1. **預計產生的損失（*To be Expected*）** —— 此前一份由派克擔任法官的法院判決已經明確指出，在合約案件中確定損失賠償數額的一般基礎，是預料到的損失賠償數額。判決認定，"當一方因違約行為遭受損失時，只要可用金錢進行補償，那麼在損失方面，他將被置於好像合約已經履行的相同情況之中。"這一規定意味着，與侵權法（tort law）不同（參見第 6 章），在估量損失數額時應向前看（也就是，在一切進展順利的情況下，將會發生的結果）而不是向後看（也就是，錯誤發生之前的情況）。

2. **約定方式確定的損失數額（*A Liquid Approach*）** —— 適用哈德利案確定規則的情況是，合約雙方尚未就各種違約行為約定將要賠償的損失數額。儘管沒有要求這樣做，但是雙方當事人可以在合約中約定損失賠償數額 —— 這被稱為約定違約金（liquidated damages）。然而，約定違約金必須代表一次真正事前估計的損失數額；在合約中，規定不合理數額損失賠償金的罰則並不能強制執行。

3. **履行問題**（*A Matter of Performance*）—— 從一般意義上看，合約法並不關心合約承諾是否現實履行，或者一方是否因不能履行（not performing）而需支付賠償。儘管要求完全履行合約似乎是對於恢復期望而言最圓滿的做法，但法院並不願意指令作出特定履行。只有當原告證明已經無法獲得損失賠償金，或損失賠償已完全不足時，法官才會發出法庭指令。因此，指令作出特定履行所針對的合約，可能是買賣市場上沒有替代、獨一無二的財產（例如，有特別景觀的土地、一件家傳古董）的合約。從實際情況看，人們認為支付損失賠償金的方式更加有效，而且也無須司法機構持續地介入監督。針對特別主體而生效的合約，其目的是服務於私人的專屬利益（例如演員、歌手），衍生出對強制勞役（involuntary servitude）的關注。歐洲民法採取了非常不同的進路。

4. **減輕情節**（*Mitigating Circumstances*）—— 要求所有原告必須採取合理措施盡可能降低實際損失；原告不得造成不合理的花費。因此，如果一家商店拒絕接受送遞易於變壞的物品，那麼供應商不得簡單地任由物品腐爛；他們必須盡快轉售物品。如果原告沒有這樣做，那麼他們所能得到的賠償數額，只能是在扣除因其懈怠所造成的損失之後的數

額。當然，如果原告能夠完全減輕損失，那麼他們
只能追討在減輕損失過程中產生的費用。

關於特定環境與唯一履行的損失賠償

在美國，愛荷華州（Iowa）的一家法院首次認可並引
用了哈德利案確定的規則。在接下來的十年裏，如佛蒙特
（Vermont）、麻塞諸塞（Massachusetts）、羅德島（Rhode
Island）、紐約（New York）、賓夕法尼亞（Pennsylvania）
和威斯康辛（Wisconsin）等其他一些州的法院也採用了
這一規則。據估計，自 1900 年起，在美國有超過 400 篇
法律評論文章，超過 270 份司法判決引用過奧爾德森法官
的裁判。1981 年，德克薩斯州最高法院（Texas Supreme
Court）認定，該判決在評定合約損失數額方面仍具有指
導案例的地位。《統一商法典》（*Uniform Commercial
Code*）是絕大多數美國州份適用的合約法淵源，實質
上，該法典的措辭很大程度源自哈德利案。

當然，在合約實踐中，比較專業的當事人並不會將損
失賠償數額的計算工作交給法院，而是會在合約內規定一
套包括各種可能性的詳細條文。雖然如此，關於哈德利案
確定的規則本身，在將這一規則適用於不斷變化的商業環
境時，法院一直致力解決由此產生的各種問題。對原告而
言，設立這條規則一直都十分必要，因為在他們的損失與
被告的行為之間，確實存在着某種因果關聯；第三者的介

入行動（intervening actions）或環境因素會妨礙討回損失。然而，那是檢驗標準的第二分支 —— 即，當事人雙方在合約訂立時，只有在預計到必然出現巨額損失時，損失才能得以討回 —— 這一點最能引起法院的注意。但他們的努力並沒有令人興奮激動。

1949 年，幾家法院需要裁斷，一家訂購了一台全新鍋爐的洗衣公司，能否因為對方延遲交付鍋爐，而向對方追討因此未能履行一份利潤異常豐厚的合約所造成的損失。法院認為，雖然日常的利潤損失可以得到賠償，然而這些特殊的合約損失卻不能。儘管可以歸咎於當事人雙方的認知，而且這種認知真實存在（例如，知悉原告所從事的行業已然足夠），但是至關重要的一點是，雙方都明確合約訂立時所處的特定環境。另外，在 1969 年，法院遇到了以下的情況：一整船食用糖延遲交付；在交付的一刻食用糖的市場價格已大幅下跌。人們認為，其中的利益損失可以得到賠償，畢竟當事人雙方必定都已經在客觀評價時合理考慮價格浮動的情況。在該案的處理過程中，里德大法官（Lord Reid）強調，應將無關聯規則解釋為 "並非沒有可能"（"not unlikely"）；這種解釋沒怎麼顧及與可能發生損失相等的情況，而是更多考慮到非同尋常的情況。在實際環境中，這些微妙的處理本身通常很難精確地運用，或者說很難被應用於預測結果。

一項特別複雜的挑戰出現於唯一履行（unique

performance）這個主題上。有一些合約，人們在履行時存在瑕疵，但是改善或者修補瑕疵的成本與所承受的損失之間不成比例。例如，1995 年在英國發生的一宗案件，建築商承諾建造一個游泳池，當中包含一個七英尺六英寸深的跳水區域。當游泳池建成後，其實際深度只有六英尺。不過，改建此池以達到預定深度的花費將高達 21,560 英鎊，這筆費用約等於最初預算的費用。與此相對，建造商認為，游泳池所有人並無任何損失，而且不會構成任何賠償。主審法官發現游泳池儘管深度較淺，但其轉售價值根本不會因而減少，而且游泳池所有者無論如何也沒有意圖將損失賠償金用於重建。由此，法院作出判決，要求建築商賠償 2,500 英鎊，用於補償"因深度不足而造成的不便"。上訴法院駁回此判決，改判為賠償重建的全部費用。在進一步上訴到上議院（House of Lords）時，判決認為雖然一般規則應當是根據合約的具體要求進行履行的全部費用，但當整修成本與所獲收益之間不成比例時，恰當的做法是支付象徵性損失賠償金（nominal damages）。在該案中，游泳池所有者得到的賠償，是深與淺游泳池對物業所帶來的增值之間那微不足道的差異。

因此，應當明確的是，儘管哈德利案確定的規則是法律蒼穹中一顆位置固定的恆星，但是具體引用和應用它的情況絕非固定不變。而這正是奧爾德森法官判決的美妙之處。正如詩人濟慈（John Keats）的"恩底彌翁"

（*Endymion*）或音樂家帕赫貝爾（Johann Pachelbel）
的《卡農》（*Canon*）一樣，它允許人們對它作出豐富多彩
的解釋；其偉大特性並不在於其穩固不變的特點，而在於
其變化多端的性質。在過去 150 年間，隨着商業環境和社
會背景的改變，這項規則允許法官們與它一同作出改變。
因此，哈德利案燃亮了合約損失賠償的法律世界，但卻
並不被囚禁於那個世界。作為偉大案例，這象徵着它的力
量，而不是它的弱點。

賠償規則影響後世

　　皮克福德公司延續着在提供貨物運輸和儲存服務方面
的興旺發展。那份合約中規定的有限損失賠償數額，當然
不會影響公司的經濟增長。約瑟夫·巴克森達爾這位極其
富有的商人一直負責公司的經營，直到 1872 年辭世，享
年 86 歲，公司由他的兒子們繼承。直到現在，它仍是英
國家喻戶曉的一家公司，人們常常能夠在城市街道與高速
公路上看到其藍色搬運車駛過。這家合夥公司於 1901 年
成為公司法人，時至今日，它已成為一家公開上市公司，
並是 TEAM 集團的一部分：它在格洛斯特市大西路（Great
Western Road）上仍設有一家辦事處（branch office）。
在其漂亮的歷史註腳中，值得注意的是其執行董事凱文·
皮克福德（Kevin Pickford）是十八世紀五十年代皮克福德
家族的直系後裔。

在 1860 年這宗法律案件發生之後幾年，約瑟夫·哈德利和約拿·哈德利變賣了城市麵粉廠，並遷居倫敦。他們繼續開展麵粉研磨業務，約拿後來成為一位公認很有造詣的發明家，他的發明改進了清除麵粉雜質設備的品質和效率。城市麵粉廠被約瑟夫·雷諾茲（Joseph Reynolds）和亨利·艾倫（Henry Allen）收購，並於 1875 年轉交給他們的子嗣。但是麵粉研磨業務陷入金融困境，日益激烈的競爭壓低了麵粉價格。1886 年，城市麵粉廠被賣給查理斯·普賴迪（Charles Priday），他在當地經營其他幾家麵粉廠。然而，當格洛斯特港無法再容納海運船舶時，這裏的麵粉行業就衰落了。該麵粉廠被龐大的多格蒂（Dalgety）公司的一家子公司斯皮勒麵粉公司（Spillers Milling）收購。1994 年 3 月，麵粉廠最終關閉。麵粉廠所處的建築自此被改建成住宅公寓。

不過，2007 年 7 月 21 日，格洛斯特市政府為了紀念哈德利訴巴克森德爾這宗合約案件，在城市麵粉廠的舊址上安裝了一塊匾額。它由格洛斯特市市長哈吉特·吉爾（Harjit Gill）和一位哈德利案星火的非官方延續者、德克薩斯州法律教授法蘭西斯·斯奈德（Francis Snyder）主持揭幕儀式。在報導這場典禮時，當地記者休·沃斯尼普（Hugh Worsnip）寫到，"自那時起，這條規則已開始為律師們提供工作，並為世界各地的法學院提供論辯題材。"多年以來，這一規則產生的東西遠遠多於麵粉本身；它為

普通法世界中的律師們和法律系學生們提供了許多供思考
的材料。

第 *9* 章

犯罪與告誡

訊問的權利與儀式

安迪‧華荷（Andy Warhol）的名句"每個人都會當上15 分鐘的名人"，是描摹當代社會特色的其中一句陳詞濫調。儘管華荷本人當名人的時間遠遠超出了他所分配的時間，然而他漫不經心地說出的這段話卻吸引着我們對轉瞬即逝、朝此夕彼的名人地位癡迷不已。與其說那是一種對人類有限注意力的調侃，不如說是他一語道破了名聲這種東西的實質屬性。然而，總有一些這樣的角色，他們的名氣沒有於短暫的流行時尚止步，而是贏得了經久不衰的名聲。雖然一些人通過有價值的成就贏得喝彩，但亦有一些人因其淪喪的行為而遺臭萬年。

長期以來，刑事司法程序造就的邪惡角色比一般情況還要多。幾乎人人都認識開膛手傑克（Jack the Ripper）或艾爾‧卡彭（Al Capone）；他們早已成為大眾熟識的罪惡形象。然而，還有一些人，他們走不引人注意的路徑來進入公共意識，但卻在法律縱橫交錯的敘事細節中被人們所憶記。歐內斯托‧米蘭達（Ernesto Miranda）便是這樣的一個角色。他患有精神分裂，曾是個蹩腳的罪犯，由於情況所迫，再加上與法律有緣，他深刻影響了員警工作手冊的內容和員警調查行為的方式。在一個聲名狼藉的傳奇中，米蘭達的名字與嫌疑犯的各項憲法權利緊緊連在了一起。

被捕者的憲法權利

在 1963 年初春一個煦暖的日子，住在亞利桑那州鳳凰城（Phoenix, Arizona）的洛伊絲·安·詹姆森（Lois Ann Jameson）時年 18 歲。洛伊絲·安雖然看上去羞澀而腼腆，但這多少與她的低智商及稟性有關。她在當地帕拉蒙劇院（Paramount Theater）的一家小賣部工作。3 月的那個夜晚，劇院正在上映二戰題材電影《碧血長天》（*The Longest Day*）。正如標題所示，該影片耗時近三個小時。這意味着，洛伊絲·安需要比平常晚些下班，而當她離開劇院時已近午夜。在短暫的公共汽車旅途後，她下車步行回家，那段路的路程僅幾分鐘。她注意到有輛小車尾隨她停下。然後一個男人從車裏走出來，向她靠近。那人出其不意，一手抓住她，還用手捂住了她的嘴，將她拖進小車後座。之後，他綁住了她的手腳，並用刀指着她的喉嚨。

被指控的這個人就是歐內斯托·阿圖羅·米蘭達（Ennesto Arturo Miranda）。再過幾天之後就滿 23 歲的米蘭達，捲入了一個必然跌宕起伏的悲慘過程。他是墨西哥移民的後代，很小的時候便失去母親。父親再婚後，他並沒有與新家庭一起生活。自初中二年級起，他便持續犯上輕微罪行，以致他相當長的時間都在拘留所中度過。在美國西南部各州間流浪了一段時間之後，他嘗試通過參軍改變現狀。但是，本應在"防禦區域艱苦勞動"服役 15 個

月的他，卻在服役 6 個月後便不光彩地退伍了，原因是他
未經請假便擅離職守，以及犯下"偷窺"的罪行（Peeping
Tom offence）。此後，他與年紀稍長、育有兩個孩子的離
婚婦人特威拉‧霍夫曼（Twila Hoffman）同居。他們很快
有了自己的小女兒。他身上刺滿紋身，在當地生產車廠裏
做些零碎的體力勞動，活脫脫是個典型的失敗者形象；他
惹人厭惡同樣也討人同情。

　　據稱，歐內斯托開車將洛伊絲‧安帶到了沙漠地帶。
可以理解，她當時根本弄不清所發生的事情。然而，儘管
她說不清所遭受折磨的具體細節，但她知道，她在利刃威
逼下遭到強暴。歐內斯托將洛伊絲‧安送回她住所周邊的
柑橘路（Citrus Way），而在她下車時，他還感傷地祈求她
"為他祈禱"。她衣衫襤褸、心情沮喪地回到家中，把剛剛
發生的事情告訴家人。隨後，員警聞訊趕來。晚些時候，
樂善人醫院（Good Samaritan Hospital）進行的身體檢查
證實，她剛剛跟人發生過性行為，然而，幾乎沒有證據能
夠證明在整個過程中她曾經掙扎過，也無法證明，她聲稱
自己在性行為方面毫無經驗。由於線索有限，員警在追蹤
襲擊者方面無甚進展。

　　洛伊絲‧安回到電影院上班。與她同住的姐夫、姐姐
和媽媽到車站接她，然後一起陪同她回家。一星期之後，
他們看到一輛破舊的 1953 年版帕卡德（Packard）轎車在
車站旁遊弋，她告訴姐夫，這輛車很像綁架她的那輛。他

記下車牌號碼 DFL312。經過員警查證，掛有此號牌的車輛與車型不符，但有一輛牌號為 DFL317 的車，也是 1953 年版帕卡德轎車。車輛登記人正是與米蘭達同居的特威拉・霍夫曼。員警毫不遲疑，在歐內斯托的家中將他逮捕，並押解他回警察局。

接手此案的員警是卡羅爾・庫利（Carroll Cooley）和威爾弗雷德・揚（Wilfred Young）。在鳳凰城警察局，這兩位探員經驗豐富，並被委派調查發生在洛伊絲・安家周邊不斷攀升的強暴犯罪案件。不過，兩位員警安排的列隊辨認疑犯程序（lineup）倉促而欠周密。站在洛伊絲・安面前的四個人都是墨西哥人，男性，年齡相仿，高矮體態相似。毫無疑問，她無法肯定地作出指認，只能認定施暴者與他們所有人都很相似。

對本案和後來的憲法原則而言，接下來發生的事情意義重大。庫利和揚將米蘭達帶進一間狹小的訊問室，進行了整整兩個小時的訊問。對於兩位員警只是口頭威脅迫使米蘭達承認強暴洛伊絲・安並犯下其他一些違法行為，還是更進一步採用了其他方法以恐嚇他的人身安全已很難弄清了。然而，他們得到的結果是，米蘭達承認自己強暴了洛伊絲・安，還承認了其他幾宗強暴和搶劫犯罪。隨後洛伊絲・安被倉促地帶進訊問室，而當員警質問米蘭達她是否遭到他強暴的人，米蘭達回答"就是她"。

在警察局的這段時間裏，員警並未告知米蘭達所擁有

的憲法權利。根據美國憲法第五修正案（U.S. Consititu-
tion's Fifth Amendment），他不應 "在任何刑事案件中
被強迫自證其罪"，同時，根據憲法第六修正案（Sixth
Amendment），他有權 "尋求律師幫助為其辯護"。雖然對
於這些憲法權利給予被捕者的保護具體有哪些，以及被捕
者在偵查過程中應在何時行使這些權利等問題仍然存在爭
議，但是人們知悉，員警庫利和揚自始至終都沒有把這些
權利告訴米蘭達。後來有人指出，這種警告在本案中毫無
必要，因為米蘭達之前頻繁地與刑事司法制度打交道，理
應清楚知道這些權利。

　　在接受訊問並指認洛伊絲·安之後，米蘭達按要求撰
寫正式的認罪書並簽字確認。他的供述為受害人最初向警
方報告的許多細節作出了澄清 —— 在車站旁的街道上拖她
上車，開到幾英里之外的沙漠地帶，試圖扯開她的衣服，
輕輕地進入她身體，事後載她回家，而且要求她為他祈
禱。在認罪書的表格上方，已經預先印好了權利警告，還
留有讓供述人寫下姓名的空白處。這段權利警告寫到：

　　　　我，*歐內斯托·米蘭達*，在此起誓，以
　　下的供述純屬自願，出於我的自由意志，並
　　未受到任何威脅、強迫或無罪許諾（promises
　　of immunity），同時我完全明白我所享有的法
　　律權利，理解任何供述都可以用來對我作出指
　　控。

依照慣例，國家會為貧困的米蘭達聘任一名律師。這位律師是阿爾溫・莫爾（Alvin Moore）。1922 年，他在學校任教一段時間後，得到奧克拉荷馬州律師協會（Oklahoma bar）的許可成為一名律師。在一戰期間，他曾任步兵中校，戰後便來到鳳凰城。接手此案前，他曾經有過一次成功的刑事辯護經歷。在其職業生涯中，莫爾聲稱自己已經為超過 35 位被控強姦的犯人提供辯護；而令人驚訝（無疑也令人難以置信）的是，在他為嫌疑犯爭取無罪釋放的紀錄中只失敗過一次。雖然如此，他卻對歐內斯托的案件毫無興趣。這可能是因為，一方面他對米蘭達的第一個印象欠佳，而另一方面他只能從初審和接下來的上訴審中得到微薄的 200 美元收入。這一切都對歐內斯托的辯護毫無助益。

規範員警訊問法律的修改契機

1963 年，規範員警偵查和訊問的法律正處於變動不定的狀態。此前的幾十年間，法院已逐漸開始更認真地對待嫌疑犯的權利。美國最高法院並未理會許多出現過的批評和反對意見，而是直接質疑員警一系列的工作方法，並開始掣肘員警們自認為適當且近乎肆無忌憚的權力；他們認為，公正的目的可以使不恰當的手段合理化。在二十世紀三十年代初的一系列案件中，最高法院認定，如果認罪書是在"威脅、許諾或誘導的情況下作出的"，那麼法院將拒絕承認其效力；同時為了保證必須提供律師和不得自證其罪等憲法規定權利得以實現，法院還規定了更加嚴厲的措施。簡言之，法律開始建立一種更為公平的措施，用以平衡維護法律與秩序的廣泛需求和尊重被捕者個人權利的願望。然而，在歐內斯托接受審訊時，還有很多事情仍待完成與確定。

對米蘭達的審理於 1963 年 6 月 20 日在馬里科帕縣（Maricopa County）法庭進行。與本案有關的所有人都認為，本案事實一目了然，幾乎不會耗費多少時間或精力。副檢察長勞倫斯・圖羅夫（Deputy Prosecutor Laurence Turoff）除了傳召遲疑不決的洛伊絲・安和經驗豐富的探員出庭作證外，還出示了他僅有，也是最具說服力的證據 —— 米蘭達撰寫的認罪書。漫不經心的莫爾試圖將此份認罪書排除在證據之外，理由是被告人並沒有機會諮詢律師。但是耶爾・麥克費特法官（Judge Yale McFate）拒絕接納他的意見：此份認罪書應當被登記在證據清單上，而陪審團則根據指示判定該認罪供述是否出於自願。很快，由三名女性、九名男性組成的陪審團一致認定被告有罪。米蘭達被判處有期徒刑 20 年。

六個月之後，亞利桑那州最高法院開始審理米蘭達的上訴請求。莫爾申請上訴的依據是，根據充分的在案證據，可以提出非常合理的理由質疑對歐內斯托的定罪；控方的那份主要證據 —— 歐內斯托的認罪書 —— 靠不正當手段獲得，應當被排除在陪審團考慮範圍之外。此外，也正是他提出的這番辯解對美國最高法院（以及後來對憲法）產生了遠比亞利桑那州各級法院大得多的牽扯力 ——"美國憲法以及法院制定的法律與規則所賦予米蘭達的權利是否得到完全保護？"

上訴法院並未受此影響。以前任亞利桑那州州長、聯邦參議員歐尼斯特・麥克法蘭法官（Justice Ernest W. McFarland）為代表的法院立場堅定，認為由於米蘭達此前並未在警方訊問開始前和訊問過程中提出諮詢律師的請求，因此往後，他沒有理由以此已經捨棄的請求為由，質疑其認罪書的有效性和可採納性。此外，麥克法蘭法官堅決認為，最近制定令人困惑的埃斯科維多（*Escobedo*）案確定的規則（最高法院在該規則中指出，嫌疑犯可以在一些訊問過程中提出諮詢律師的權利訴求）並不適用於此案；因此，米蘭達的認罪書應恰當而公平地列入證據清單。基於這份證據清單，他支持陪審團認定被告有罪，並駁回被告的上訴請求。自此，米蘭達真正展開了在亞利桑那州州立監獄的漫長刑期。

命運一如既往地在歐內斯托的人生中起到重要的作用。如梅・多諾霍（May Donoghue）找到了她的守護天使沃特・利奇曼（Walter Leechman）一樣（參見第 6 章），歐內斯托出人意料地（而且可能本不值得地）得到他自己的衛士的幫扶。羅伯特・科科倫（Robert J. Corcoran）

當時正在美國公民自由聯盟（American Civil Liberties Union, ACLU）的鳳凰城辦事處擔任主管。他曾擔任亞利桑那州地區檢察官和法官，因此對亞利桑那州在訊問方面的法律以及員警的處事方法非常熟悉。他在瀏覽律師期刊《太平洋報導》（*Pacific Reporter*）的通告時偶然發現了米蘭達案。這次偶然而敏感的發現使他感到，對於美國公民自由聯盟而言，本案最適合用來推進該聯盟的漸進行動綱領，藉以通過上訴至美國最高法院的案件，擴大嫌疑犯的權利。

科科倫首先爭取邀請阿爾溫·莫爾加入抗爭行列，但莫爾完全失去繼續參與的興趣。因此，科科倫繼而轉向雷克斯·李（Rex E. Lee）。李是鳳凰城一位前途無限的年輕律師，在埃斯科維多案審理期間，他正擔任美國最高法院大法官拜倫·懷特（Justice Byron White）的法律書記。儘管李本人渴望參與其中，而且立刻意識到米蘭達案的事實與裁決中暗含着推動法律發展的巨大潛力，但根據最高法院的規定，書記在離任兩年之內禁止作為律師參與本院的審訊活動，因此他不得不婉拒此事。

科科倫並未受此影響，立刻轉向下一站——約翰·弗林（John J. Flynn）的辦公室。弗林是名老兵，也是一名立場堅定的社會活動家，他是路易斯（Lewis）、羅加（Roca）、斯科維爾（Scoville）、比切姆（Beauchamps）和林頓（Linton）律師事務所中的首席出庭律師。林頓律師事務所是鳳凰城規模最大、聲譽最好的律師事務所之一。作為能言善辯的著名辯護律師，弗林是個在法庭內外都有很大權勢的人物。在與美國公民自由聯盟進行了常規協商以後，該律師事務所同意提供一年內為數不多的無償（*pro bono*）法律服務，弗林非常高興地接受這次指派。他邀請老同事約翰・弗蘭克（John P. Frank）為搭檔。弗蘭克比弗林更為博學、更善於沉思，他曾為二十世紀四十年代早期擔任過美國最高法院大法官的雨果・布萊克（Justice Hugo Black）擔任書記。為了治療慢性哮喘病，他不得不離開在東岸收入豐厚的事業而來到亞利桑那州。弗蘭克負責準備書面材料，弗林則負責準備庭上演説，二人組成的絕佳團隊開始致力扭轉處於警方拘留下、權利易受損害的被羈押人的慘況。

　　當歐內斯托收到科科倫的信件並得知這一好消息時，他滿懷感激之情，重新燃起希望，他在監獄裏回信道："您的信令我激動不已……得知有人對我的案件感興趣，我的道德感得到極大提升……如果您或弗林先生將任何處理結果告訴我的話，我將萬分感激。我也想多謝你及弗林先生為我所做的一切。"也許，那時的他已開始接收到這些他人生中難得好運的眷顧。

訊問疑犯的警告責任

1966 年 2 月的最後三天裏，美國最高法院開始審理米蘭達訴亞利桑那州政府（*Miranda v. Arizona*）的上訴案件。像往常做法一樣，共同審理的還包括其他三宗具有相似事實與判決的上訴案件，這些案件包括韋斯托弗訴美國案（*Westover v. United States*）、維格內拉訴紐約州政府案（*Vignera v. State of New York*）和加利福尼亞州訴斯圖爾特案（*State of California v. Stewart*）。來自 14 個州的 58 名律師參與其中，其中一些向美國最高法院提交了書面辯論意見，另外一些律師向大法官們提出口頭辯論。這些案件的核心法律爭議是，法律執行機關是否必須警告被羈押的嫌疑犯，他們有權保持沉默，並聘請律師。如果他們要這樣做，這將要求警方的工作方法作出根本性改變，並最終改變如歐內斯托類似的嫌疑犯的審判結果。

發生在最高法院審訊過程中的口頭辯論振奮人心，與其他國家較為正式的審訊過程不同，法官與律師之間的交鋒異常激烈。在中立的觀察者眼中，米蘭達案的審訊過程恰似一場引人入勝的話劇。約翰・弗林首先發言。在弗蘭克精雕細琢的書面意見基礎上，他運用極具說服力的華麗辭藻發表了一番振奮人心的辯護意見，他捍衛憲法的保障，並敦促法院比以前更認真地處理此案；這些保障必定要如抽象認知一樣，能夠產生實際效果。在與波特・斯圖爾特大法官（Justice Potter Stewart）激烈辯論後，他強調如果聘請律師的權利存在，那麼嫌疑犯應盡早得知這項權利；那不是一項只留給高收入者和受高水平教育者的權利。他的這番陳述強硬而大膽。

亞利桑那州的助理總檢察長加里・納爾遜（Gary Nelson）的回應亦毫不讓步。他的回應以法律原則為基礎，強而有力，沒有必要對執行機關官員的行為作出任何進一步的限制，因為如果進行限制，那就會影響嚴重強姦犯和殺人犯的逮捕和判罪過程，產生與刑事司法體系目的相反的效果。他示意最高法院在調停善惡較量中應發揮決定性作用。他特別強調歐內斯托的情況與其他人不同。在埃斯科維多案中，被告人是刑事法庭上的新面孔，而且受到警方蒙騙，但歐內斯托是個麻木的慣犯，他早就知道一切。在本案中，瑟古德・馬歇爾（Thurgood Marshall）（參見第 5 章）飾演了一個名人的過場角色（cameo role），他是由莊遜總統（President Johnson）任命的首位美國黑人法務總長。雖然多少有點抵觸他的性格，但他的職責僅是為政府的行政分支辯護，指出應當限制為貧困的嫌疑犯支付費用的具體情況。

最高法院花了點時間考慮裁決。與往常一樣，法官們要在開庭期截止之前宣佈判決。因此，星期一那天，也就是 1966 年 6 月 13 日，首席大法官厄爾・沃倫（Chief Justice Earl Warren）（參見第 5 章）大聲宣讀了完整、足足 60 頁的判決。該判決以 5 比 4 的票數通過，支持米蘭達的訴訟請求，判令案件進行重審。首席大法官的意見得到雨果・布萊克、威廉・道格拉斯（Justice William

Douglas)、阿貝・福塔斯（Justice Abe Fortas）及威廉・布倫南（Justice William Brennan）等四位大法官的支持。反對意見則分為三種，約翰・哈倫（Justice John Harlan）大法官與波特・斯圖爾特大法官持一種反對意見；拜倫・懷特與湯姆・克拉克（Justice Tom Clark）兩位大法官分別持有另外兩種反對意見。本判決很難被看成是一個清晰、可信的法律處方。

首席大法官在他的主流意見中認為，擴大嫌疑犯權利這種做法的重要性和影響力都很大。沃倫曾在加利福尼亞州阿拉梅達縣（Alameda County, California）擔任過州檢察官，因此就他的立場而言，這是個蠻徹底的轉變。然而，他充分利用這段經歷，大量引用員警工作手冊的內容，而雙方律師都未曾提及這些內容。他拒絕接受美國公民自由聯盟的提議，更進一步要求在所有訊問過程中都應當有律師參與，他為此設計了一套全新的指導方針，適用於所有訊問過程，如果違反這些方針，那麼將使認罪書出現瑕疵而不被法院所採納：

> 在訊問之前，務必向被羈押人清晰地說明他擁有保持緘默的權利，而且他所說的話將會在法庭上用來指證他；務必向他清晰地說明他擁有諮詢律師並由律師全程陪伴訊問的權利，而且如果他經濟有困難，可以為他指派一名代表律師。

　　克拉克大法官的反對意見，並沒有完全拒絕將憲法權利擴展到嫌疑犯身上。他比大多數法官更為保守，主張這種擴展要有限度，"以免我們走得太遠太快"。作為代替，他盡力避免提出絕對化的規則，寧可更傾向一種通盤考慮總體情況的方法，就像前任大法官亞瑟・戈德堡（Justice Arthur Goldberg）在海恩斯訴美國案（*Haynes v. United States*）判決中所示範的那樣。克拉克大法官認為，如果在任何訊問過程中，一名員警不能恰當地提醒嫌疑犯，他有權在訊問過程中聘用律師，那麼"州政府將負有證明責任，證明嫌疑犯明確且明智地棄用律師，或者證明在所有情況下，包括無法提供必要警告的情況，嫌疑犯的招認全屬自願"。從這種小心謹慎的觀點看，歐內斯托的認罪書不會被自動排除在證據之外，但如果控方無法提出有力證明，那麼則可以把認罪書排除在外。

　　哈倫大法官隱而不言，但對此並不懊悔。他援引了前任大法官羅伯特・傑克遜（Robert H. Jackson）一段很有啟發意義的話，這段話的大意是"本法院一直以來都不斷在為憲法神殿加蓋樓層，當加蓋的樓層過多時，這座神殿終會垮塌"。他從容地將矛頭指向那些激進的同僚，認為他們受美國公民自由聯盟的挑撥走得太遠，鼓動嫌疑犯運用權利對抗員警和公共利益。他立場堅定地寫到：

　　　　憲法文本、憲法精神以及憲法先例中沒有

一條容許本法院，以履行憲法責任為名，採取
如此鹵莽強權的單方面行動。

考慮"總體情況"的彈性法律原則

總體來説，可以將米蘭達案的判決及充滿衝突的法官
意見所產生的效果，肯定地形容為，在保守的鴿子中間
放入了一隻自由的貓。遊説法律與秩序的團體竭力反對
這一判決，而後來成為總統的理查德・尼克遜（Richard
Nixon）對此判決及其背後含意百般挑剔；本判決被看成
是對全體員警部門人員良好聲譽的恣意誹謗，並過分縱容
危險罪犯及他們的律師。其他人則對此判決拍手稱讚，認
為這一判決進一步明確了國家在憲法保證權利方面所作出
的承諾。不管怎樣，歐內斯托・米蘭達的名字很快廣泛流
傳，在談及是否需要"米蘭達警告"（mirandize）嫌疑犯
時，員警及其他人對這個名詞已經習以為常。

米蘭達案不僅結束了憲法的一個時代，還開啟了另一
個新的紀元。正如美國最高法院的判決既徹底又肯定，它
留下的問題與答案一樣多。所有偉大案件也一樣，它解決
了一系列問題，但同時也重新開啟了另外一些同樣麻煩的
主題。在期間的幾十年，法院努力使米蘭達警告（Miranda
warnings）在使用和效果上更清晰明瞭。儘管美國最高
法院作為憲法規定的仲裁者擁有終極的權力，但是刑事偵
查大體上仍屬各州法律規制的事情，而美國各地也逐漸衍

生出一些意義重大的權宜做法。即使在美國最高法院的層面，由於其中的人事變動以及時代主題的更新，關於在訊問過程中嫌疑犯的權利的範圍及嚴肅性仍然存在諸多爭論。

　　反對米蘭達案的意見獲得了充足的發展力量和動力，以致自 1968 年開始，美國國會便嘗試限制其影響力。作為《犯罪控制與街頭安全法案》（*Crime Control and Sage Street Act*）這套綜合性措施的一個部分，國會嘗試廢除首席大法官沃倫判決中那種嚴厲草案的效力，重提類似克拉克大法官所設想的"總體情況"（the totality of circumstances）的處理方法。因為這一法案由聯邦國會制定，它只適用於聯邦級別的刑事司法程序，以及在哥倫比亞特區（District of Columbia）發生的案件。在 2000 年的迪克森案（*Dickerson*）中，由少數自由派法官組成的美國最高法院雖然不太情願，但仍舊判定米蘭達案確定的規則仍是一條善法，而且聯邦成文法中與之相衝突的部分必須被取消。一名全副武裝的銀行劫匪，在向聯邦調查局探員供認罪行後，因為之前沒有接到米蘭達警告，而成功令自己的認罪不被法院採納。

　　今時今日，每當談到法律並非固定不變的時候，我們應該不會感到驚訝。儘管法院仍在首席大法官沃倫的原則性框架下工作，但哈倫大法官提出的總體情況的方法，已經扮演着雖然含蓄卻十分重要的角色。在擴展法律規制的前線領域中，當富彈性的原則（doctrinal rubber）與堅硬的日常實踐相遇時，最為迫切的議題包括以下幾個方面：

1. **何時行使權利？**

   被詢問對象只有在即將接受訊問時，才需被告知權利；雖然法律並未限定訊問的具體地點，但是現實中訊問必定發生在某個場所。這意味着，在逮捕過程中和正在發出米蘭達警告或在發出米蘭達警告之前的供述，一般情況下可以被法院採納。然而，發出米蘭達警告的要求並不妨礙警方訊問標準工作手冊上載明的問題，例如訊問嫌疑犯的姓名、出生日期、住址及其他類似的問題。同時，在出現危及公共安全的緊急情況下，不需要發出米蘭達警告。

2. **誰有義務發出警告？**

   必須講明的是，在訊問中發出警告的人必須是表明身份的州份行政執法人員（state agent）。很明顯這包括所有員警和其他執法人員，但是並不包括普通公民。由於臥底員警或授薪線人是中間人，因此他們使用米蘭達警告並不違反米蘭達案確立的規則。儘管私人聘用的保安並不是州份行政執法人員，但如果員警兼職從事私人保安工作，那麼他們也有義務發出警告。

3. **是否需要使用特定的詞句或語序發出警告？**

   儘管大多數員警和執法人員傾向使用非常明確和經過核准的語言，但是法院並不堅持要求米蘭達權利

的警告必須以特定的次序讀出，或是必須用特定的
言語措辭發出。法院所關注的焦點是，在實際廣泛
開展的訊問行動中，有否充分而完整地將這些權利
告知被羈押的人。

4. **怎樣才算作一份有效的棄權聲明？**

在發出米蘭達警告之後，嫌疑犯放棄任何權利，都
必須是"明確、明智，而自願的"。然而，這種要
求有其限制：要確保嫌疑犯已合理掌握他或她的行
為是放棄了已知的權利，而且他或她並非在受到脅
迫的情況下簽署棄權書。

5. **在無效的訊問下獲得的其他證據應如何處理？**

這個問題稱為毒樹之果原則（doctrine of the fruits
of the poisonous tree）。雖然認罪書可能不被採
納，但警方同時也可能得到其他因為被告招認而發
現的未獲證明（nontestimonial）證據（例如，一件
兇器、一件財產）。雖然存在一些極例外的情況，
但這並不影響衍生證據的可採納性：控方仍需要證
明此證據與被告相關聯，但不能以被排除了的認罪
書為依據。同樣，當被告人出庭作證並就犯罪事實
作出不同供述時，控方仍然可以使用被米蘭達規則
排除的認罪書，作為一份證明與其先前供述不符的
證據，來質疑被告口供的可信性。

保護嫌疑犯免受執法人員濫權訊問

正如變得越來越清晰的是，米蘭達案判決的精確含義和實施等問題，成為了自由派與保守派之間論點交鋒的場所。儘管這場特定的爭論明顯帶有美國色彩，但其他發達國家也同樣在努力化解法律和秩序與嫌疑犯權利之間的緊張關係。雖然在細節上存在非常重要的差異，但在必須通過義務警告和排除證據規則的方式，來保護嫌疑犯免受執法人員濫用訊問權力這一點上，卻出現令人意外的一致意見。當然，正如俗語云：布丁好不好吃，要試過才知——當面對那些如歐內斯托一樣，更像犯罪人的被告時，法院與司法系統又準備在何種程度上強制實施這些標準呢？

諷刺的結局

美國最高法院的裁判為歐內斯托帶來一線希望，不論他是否應得這樣的機會。1967 年 2 月，他強暴洛伊絲·安·詹姆森的案件獲得重審。辯護人由約翰·弗林自己擔任，而為了保持與本地勢力的平衡和維持獨立性，主審法官由從外縣聘請來的勞倫斯·雷恩（Laurence T. Wren）擔任。審訊進行了五天，大部分時間都是用來辯論不同證據材料、證人證供的法律地位和可否被採納。當法律迷霧漸漸散開後，米蘭達案確立的指導方針得到嚴格遵守。法庭准許，以亞利桑那州總檢察長鮑勃·科爾賓（Bob Corbin）為首的控方召喚洛伊絲·安為證人出庭作供；她對事實的說明相當混亂。然而，法庭並未採信控方提交認罪書以及她在警局辨認歐內斯托的情況說明。由於控方證據過於單薄，歐內斯托似乎可獲判無罪釋放。

　　但是，過去發生的事實及歐內斯托差勁的判斷力成功制止了他；他拒絕保持緘默的舉動把矛頭指向了自己。由於預感自己將會在重審後被判無罪釋放，他向福利部門抱怨，與其有事實婚姻關係的妻子（common law wife）在重審排期前不久便開始疏於照顧他們的女兒。特威拉·霍夫曼十分氣憤。一如所有被蔑視的女人一樣，她將其憤怒傾灑在歐內斯托身上。她找到仍負責此案的員警庫利，並告知警方她曾在 1963 年 3 月 16 日探望過米蘭達，那是在他因原先的強暴指控被捕的三天之後。特威拉聲稱，在交談中歐內斯托曾承認自己強暴了洛伊絲·安·詹姆森。這是一份最確鑿的證據。最重要的是，鑒於特威拉並非執法人員，也與行政當局毫無關聯，因此並沒任何因素能阻止法庭採納這份新的認罪證據。在控方眼中，這是上天的饋贈。

　　戲劇性的一幕適時上演，當科爾賓宣佈提請霍夫曼作為歐內斯托另一次招認的見證人時，弗林大吃一驚。儘管弗林激烈爭辯，提出事實婚姻的特殊關係來禁止霍夫曼出庭作證，或至少降低其證供的可信性，但雷恩法官並不同意他的答辯，並允許霍夫曼作證。弗林知道，這會對陪審團產生巨大的負面影響，而且將會與洛伊絲·安不穩的證供之間相互印證。事實確實如此。儘管弗林在盤問過程中竭力質疑其證供的可信性，但陪審團還是在個多小時的商議後認定犯罪成立，米蘭達再一次被判處 20 年有期徒刑。再次上訴被州的最高法院駁回，歐內斯托返回監獄，完全失去了無罪獲釋的希望。此時恰恰是他成功上訴至美國最高法院的一年以後。在某些人看來，歐內斯托案件的結局充滿詩意、恰當得體 —— 警方要尊重嫌疑犯的憲法權利，有義務改變他們的訊問方式，但是討人厭的歐內斯托還是被證明有罪，而洛伊絲·安雖然身體上的傷害無法修補，但她的名譽在實質上已得到恢復。

歐內斯托在亞利桑那州立監獄服刑，期間他曾多次申請假釋，但都被駁回，直到 1972 年 12 月他才獲准假釋，提前出獄。幾年之後，他重新走上犯罪的道路；他多次因為各種輕微的違法行為被捕。之後他開始在市集或其他場所售賣有他簽名、印有米蘭達警告的卡片以掙點零錢，他的這種創業精神引來一些質疑。後來，他因為管有槍械而違反了假釋規則，被再次關進監獄。在獲釋之後，歐內斯托繼續其漂泊的生活方式，在鳳凰城貧民區的酒吧和旅館裏閒逛。然而，1976 年 1 月，歐內斯托連僅存的一絲運氣也耗盡了。他在無牌經營的拉馬波拉酒吧（La Amapola Bar）玩撲克牌，為了 3 美元的債項而大動干戈，他的腹部和胸部被刺。在被送到幾年前洛伊絲·安被強暴後接受身體檢查的同一家樂善人醫院之前，他被宣告死亡，終年

34 歲。

　　然而，歐內斯托的故事裏還有另外一宗諷刺事件。持刀傷人事件發生之後不久，警方拘留了費爾南多・羅德里克斯（Fernando Rodriquez）和埃塞茲奎爾・莫雷諾（Eseziquel Moreno），二人涉嫌刺死歐內斯托。然而，他們拒不合作，警方根本無法從他們口中得到任何資料。由於缺乏證據，羅德里克斯和莫雷諾不久便被釋放。他們很快便失蹤（很可能已經逃到墨西哥），再也沒有在鳳凰城附近出現。他們保持緘默的原因是甚麼？當他們被羈押時，警方嚴格遵照美國首席大法官希望他們做的 —— 用西班牙語宣讀米蘭達警告，告知他們有權保持緘默。此後，再也沒有人因殺死倒楣透頂的歐內斯托而遭到檢控。

第 *10* 章

到 水面 換換氣

在 2010 年看普通法

無論普通法可能是其他甚麼事物，或還有其他甚麼特點，它都具有自己的根基。它依然是一股充滿活力的能量，能夠憑藉持久和靈活多樣的特性，保持自身的卓越與嚴謹。很明顯，它不是具有"永無休止的快樂"、"魅力不減"的"美好事物"——它更像是一個不太雅觀、樣子醜陋的傷疤。但是普通法極有可能"永不消逝"，這多少又與濟慈的美學觀點有些相似。它表現出的執着與熟悉的屬性，使其專業團體一直對它表示忠誠，並且或充分或不太充分地成功説服人們，相信普通法是值得維持的制度實踐。究竟普通法是個陳列櫃，還是個廢墟，全取決於讀者自己的看法，這些看法是從律師在使用它時所表現的聰明才幹中，也是從必須依賴它的訴訟當事人的興趣中形成的。

有些普通法的真誠信徒，堅決認為普通法與市場有點相似，不只是分散的大量裁判的總和。貴族大法官曼斯費爾德（Lord Mansfield）是一個信奉普通法的人，他在十八世紀〔當時，他還是年輕的政府法務官莫里先生（Mr. Murray）〕參與的一宗案件中説過："普通法使用從正義之泉所取得的規則來淨化自己。"在這句品格高尚的話中，普通法的角色，既是一種政治見解的宣傳器又是其貯藏室，使其超越了暫時口頭表述的局限——在法律的內在價值（即是指法律是內在正義的理性化身的這種理念）與法律的工具價值（即是指法律乃用來解決社會問題的制度工具這種實踐）之間存留下一種平衡。

　　這是一種非常宏大的視野，無疑會被記載偉大案件的
傳記和其所處的大環境所遮蔽。美國大法官小奧利弗・溫
德爾・霍姆斯（Oliver Wendell Holmes, Jr.）是普通法復
興時期的代表人物，他提出"法律的生命不在於邏輯，而
在於經驗"，這種評價似乎更接近普通法的特性。這種經驗
描述充分表明，普通法是日常使用的手段，而不是抽象難
明的修飾。正如偉大案件的發展軌跡與命運所示，沒有一
項法律原則純粹源自邏輯推演。人們所能指望得到的最佳
原則是那些可以開發的原則，而在某種意義上，它們能夠
成功地實現特定目的、適應地方情況，並具有一定的靈活
性，可以保持與變化環境之間的關聯。然而，究竟具體規
則是好是壞，是有用還是無用，都是一種地方性評價；至
於規則是否廣泛可取，並非人們斷然的這種判斷 —— 這當
然也不是對其邏輯形式或純理論形式的評價。儘管普通法
判決是眾多法官個人盡了最大努力創作的理性而公正的產
物，但這並不是說，就必然有一隻無形之手在大量案件中
左右協調，將它們整合為一個整體。

　　與真誠信徒的願望相反，進步或成就並不等於普通法
正在變得更加客觀、更符合邏輯，或者說普通法已經成為
一種更為純粹的正義形式，在某程度上令利益、承諾、含
糊處、歷史、文化和意識形態都難以發揮作用。正如偉
大案件所示，沒有甚麼確定的基本準則，讓人們可以憑此
便能輕視曼斯費爾德所說的法理學之魂，慢待其當代信

徒仍然信奉“普通法可淨化自身”的這種觀點；把法官看作依憑自身努力與想像力，在逆反或順應地方環境之中參與法律進程的人，從這個觀點看更有意義，也更為可信。有些時候，他們表現很好，另外一些時候他們表現不佳。畢竟法官也是普通人，他們在困境中處理棘手的問題；許多人認為他們是神化的人（demigods），或是哲學之王（philosopher-monarchs），但他們不是。相比於律師、法官和評論家等劇中人物，普通法好不了多少，也差不了多少。

有關普通法突出及明顯的觀念

從根本上將普通法看作社會上和歷史上具有生命力的人造製品（具有人造製品所包含的一切缺點與瑕疵），這種看法不僅會引發大量的新鮮觀念，還將進一步確認許多陳舊偏見。回顧那些我在書中介紹及探討的偉大案件，一些我想到的較為突出及明顯的觀念如下：

1. **確定事實** —— 大多數關鍵的裁判工作都是在明確究竟發生了甚麼事。律師如何呈述事實，法官如何認定應當相信何種版本的事實，一般都會對最終結果有決定性的影響。儘管大部分判斷是根據證據材料的有效性和可信性來作出的，但是在通常情況下，認定的主要事實都取決於，在強烈的主觀意識中，法律認為甚麼重要，又與甚麼相關；事實常常要根據法律的目的來剪裁。

2. **台前幕後** —— 與大多數戲劇作品一樣，了解幕後情況與弄清台前事實同樣重要。儘管判決代表着法律在公眾中的形象，但是為了理解制度的背景、現實的妥協、失敗的排練和衝突的性格，仍需要正確評價更多其他情況，因為所有這些都會影響最終的演出結果。幕後操作在普通法中並不陌生。

3. **用錢説話**（*Show Me the Money*）—— 眾所周知，訴訟是一件花費極大的事情。只有最值得訴訟當事人付出、最有價值的案件，才會走上法庭。富人們走向司法（正義）的機會比窮人多得多，原因在於他們能僱用最好的律師，能在這場長期訴訟的消耗戰中走得更遠。除非普通人有足夠的運氣，最終能找到法律鬥士或維權組織（activist organization）給予協助，否則他們的訴求常常會被法院忽視。

4. **保持聯繫** —— 與其他許多事情一樣，一個人的人脈關係及其知識水平常常最有價值。法律領域包含着各種各樣相互關聯的利益與關係網絡，其數量可能要比絕大多數相似領域（communities）多得多；這些聯繫與職業網絡、商業網絡，特別是政治網絡之間相互交疊。司法、立法和政府執行部門之間的交通流量規模如此龐大，以至於他們在處理難題和議題時常常形成一致的觀點與態度。

5. **從不言敗** —— 普通法提供了一堂示範課，教導人們"執着"如何成為促成訴訟當事人成功的關鍵品質。"如果你最初並不成功,那麼就去上訴",在那些打算改變法律或證明自己訴求正確的人眼中,這句話似乎是他們的至理箴言。要知道,這樣的舉動會大幅增加訴訟花費,因此只有那些資金充裕的極少數人,才能在繼後發生的多次漫長而艱苦的審訊中堅持下來。

6. **把握時機** —— 與喜劇作品相似,普通法全部取決於時機的把握。在大多數情況裏,很多事情都要靠適當的人恰好在適當的時間處於適當的位置。如果沒有遇上適當的法官和所有戰線統一的政治明星,即使是一些理據充分的案件,加上出色的辦案律師也不會獲得成功。普通法更傾向遵從當下的社會力量和價值觀念,而不是引領它們發展。

7. **創造機會** —— 儘管社會願意法院成為開展理性論辯和明智討論的重要社會和道德問題的場所,但是歸根究底還是要靠天定之緣。在幾乎所有偉大案件中,總有一方或另一方得到幸運的眷顧。當然,儘管利用好運需要天賦與奉獻精神,但運氣成分總會在當中起作用。

革新普通法成常規

當我們通過偉大案件的透鏡觀察普通法時,不免會得

出這樣的結論：普通法傳統是一種更為開放、更具創造性
的傳統（當中任何事都可能發生），而不僅是界限明顯、謹
小慎微的傳統。在法律和裁判中其中一個常量便是，通過
不斷修正法律和裁判來維持變動與穩定的狀態：轉化是普
通法傳統保持活力的命脈。偉大案件展示着法律如何通過
破除舊法獲得發展；它們使那種認為普通法逐步發展、越
來越合乎邏輯的觀點陷入謎思。歌頌偉大案件，就是對霍
姆斯所發現的那股力量，"與過去保持連續性，只是一種必
要，不是一種責任"的一種致敬。而且，從偉大案件的發
展歷史來判斷，普通法已經開始而且從未間斷地向法律業
界施加壓力，要求他們將不斷變革視為常規，通過革新普
通法來表示對過去的尊重。

　　讀者應當明確的是，在臚列上述有關普通法的實踐性
質和突出特性的過程中，我並不是想在狂熱崇拜普通法的
潮流上再貢獻甚麼。視普通法為堪稱解決困難糾紛和推動
法律發展的典範過程，並在某程度上比更全面立法和政治
介入行動優勝的這種對普通法的過分讚譽，必須奮力地抵
制。作為一種決策過程，以及大量實際規則的主體，普通
法本身並不具備甚麼神奇或不可思議的性質。通過偉大案
件的討論，我希望表明，普通法所使用的方法以及其所產
生的結果，無論從風格上還是從訴求上都是變化不定的；
司法判決覆蓋了所有政治的可能性，並在一套數量相當的
制度參數下運作。普通法僅僅是政府部門的另一個工作場

所，官員們在那裏盡力為迫切需要解決的衝突制定各種可行的解決方案。究竟社會是否會延續這個進程，將取決於政治上的偏好，而與技術性的專門知識無關。如果要維持普通法的尊貴角色，就必須脫下其神化外衣，將它看成一種實用、公開，及可以改善的慣常做法，這樣才能把其角色發揮得最好。

參考文獻

第 1 章

Balkin, J.and Levinson, S. "The Canons of Constitutional Law."
　　Harvard Law Review 111 (1997-1998): 963-1025.

Bobbitt, Philip C. *Constitutional Interpretation*. Oxford and Cambridge,
　　MA: Blackwell Publishers, 1991.

Gilmore, Doug. *The Death of Contract*. Columbus, OH: The Ohio State
　　University Press, 1974.

Holmes, Oliver Wendell, Jr. *The Common Law*. Boston: Little, Brown
　　and Company, 1881.

Hutchinson, Allan C. *Evolution and the Common Law*. New York:
　　Cambridge University Press, 2005.

McLoughlin v. O Brian, [1983] 1 AC 410 at 430 per Lord Scarman.

Warren, Samuel. *A Popular and Practical Introduction to Law Studies*.
　　Philadelphia: John S. Littell, 1835.

第 2 章

Biber, Katherine. "Cannibals and Colonialism." *Sydney Law Review*
　　27.4 (2005): 623-639.

Donahue, James. "Strange Prophetic Story by Edgar Allan Poe."
　　The Mind of James Donahue. http://perdurabo10.tripod.com/
　　warehousea/id42.html (accessed on 7 June 2009).

Fairall, Paul Ames. "Reflections on Necessity as a Justification for
　　Torture." *James Cook University Law Review* 11 (2004): 21-36.

Hanson, Neil. *The Custom of the Sea*. New York: John Wiley & Sons,
　　Inc., 1999.

Harding, John. *Sailing's Strangest Moments: Extraordinary but True*

Stories from Over Three Centuries. London: Chrysalis Books Group, 2004.

Martel, Yann. "How Richard Parker Came to Get His Name." Amazon. http://www.amazon.com/gp/fearure html?ie=UTF8&docId=30959 0 (accessed on 28 April 2009).

Moreton, Cole. "He wanted some adventure on the high seas. His shipmates ate him." *The Independent*. 28 July 1996.

Norrie, Alan. *Crime, Reason and History: A Critical Introduction to Criminal Law (Law in Context)*. Cambridge: Cambridge University Press, 2001.

Quigley, Christine. *The Corpse: A History*. Jefferson, NC: McFarland & Company, Inc., 1996.

Robinson, Paul H. and Michael T. Cahill. *Law Without Justice: Why Criminal Law Doesn't Give People What They Deserve*. Oxford: Oxford University Press, 2005.

Simmons, James C. *Castaway in Paradise*. Dobbs Ferry, NY: Sheridan House, 1993.

Simpson, A. W. Brian. *Cannibalism and the Common Law: The Story of the Tragic Last Voyage of the Mignonette and the Strange Legal Proceedings to Which It Gave Rise*. Chicago: The University of Chicago Press, 1984.

Stilgoe, John T. *Lifeboat*. Charlottesville, VA: University of Virginia Press, 2007.

Whiteman, James Q. *The Origins of Reasonable Doubt: Theological Roots of the Criminal Trial*. Orwigsburg, PA: Yale University Press, 2008.

第 3 章

Black, Conrad. *Duplessis*. Toronto: McClelland and Stewart, 1977.

Dyzenhaus, David. "The Deep Structure of Roncarelli v. Duplessis." *University of New Brunswick Law Journal* 5 (2004): 111-124.

Kaplan, Willam. *Canadian Maverick: The Life and Times of Ivan C. Rand.* Toronto: The Osgoode Society for Canadian Legal History / The University of Toronto Press, 2009.

Sarra-Bournet, Michel.L'affaire Roncarelli: Duplessis contra les Temoins de Jehovah. Qeubéc: Institut Québécois de recherche sur la culture, 1986.

Sheppard, Claude-Armand."Roncarelli v. Duplessis: Art. 1053 C. C. Revolutionized." *McGill Law Journal* 6 (1960): 75-89.

Laporte, Pierre. *The True Face of Duplessis.* Montreal: Harvest House, 1960.

"Maurice Dulessis." CBC Digital Archives. Radio Canada. http://archives.cbc.ca/politics/provincial_territorial_politics/topics/1461/ (accessed on 23 May 2009).

Paulin, Marguerite. *Maurice Duplessis: Powerbroker, Politician.* Montreal: XYZ Publishing, 2005.

第 4 章

Baker, Sandra E. and David W. MacDonald. "Foxes and Foxhunting on Farms in Wiltshire: A Case Study." *Journal of Rural Studies* 16.2 (2000): 185-201.

Bennett, Julie. "Is There Room for You in a Rich Playground?" *The Wall Street Journal*, 16 March 2004. http://www. realestatejournal.com/buysell/regionalnews/20040316-bennett.html (accessed on 16 July 2009).

Benson, Marjorie L. and Marie-Ann Bowden. *Understanding Property: A Guide to Canada's Property Law.* Scarborough: Carswell Thomson Professional Publishing, 1997.

Berger, Bethany. "It's Not About the Fox: The Untold History of Pierson v. Post." *Duke Law Journal* 55 (2006): 1089-1144.

Bollier, David. *Silent Theft: The Private Plunder of Our Common Wealth.* New York: Routledge, 2003.

Burk, Barlow and Joseph Snoe. *Property: Examples & Explanations*, 3rd edition. New York: Wolters Kluwer Law& Business, 2008.

Dharmapala, Dhammika and Rohan Pitchford. "An Economic Analysis of 'Riding to Hounds': Pierson v. Post Revisited." *The Journal of Law, Economics, and Organization* 18.1 (2002): 39-66.

Fernandez, Angela. "The Lost Record of Pierson v. Post, the Famous Fox Case." *Law and History Review* 27.1 (2009): 149-178.

——. "The Pushy Pedagogy of Pierson v. Post and the Fading Federalism of James Kent." http://www.law.utoronto.ca/documents/fernandez/PersonPostAbstract. pdf (accessed on 14 July 2009).

Freyfogle, Eric T. and Dale D. Goble. *Wildlife Law: A Primer*. Washington, D.C.: Island Press, 2009.

Gordon, Thomas F. and Douglas Walton. "Pierson vs. Post Revisited: A Reconstrction Using the Carneades Argumentation Framework." *Proceeding of the 2006 Conference on Computational Morels of Argument* (2006): 208-219.

Gray, Brian E. "Report and Recommendations on the Law of Capture and First Possession." http://web.mac.com/graybe/Site/Writingsfiles/Hayashi%20Brief.pdf (accessed on 14 July 2009).

Marvin, Garry. "A Passionate Pursuit: Foxhunting as Performance." *Sociological Review* 51.s2 (2004): 46-60.

McDowell, Andrea. "Legal Fictions in Pierson v. Post." *Michigan Law Review* 105.4 (2006-2007): 735-779.

Murphy, Dean E. "A Ball in the Hand Is Worth a Lot to the Lawyers." *The New York Times*, 16 October 2002. http://www. nytimes. com/2002/10/16/us/a-ball-in-the-hand-is-worth-a-lot-to-the-lawyers.html (accessed on 14 July 2009).

Pierson, Richard E. and Jennifer Pierson. *Pierson Millennium*. Westminster, MD: Heritage Books, 1997.

Ziff, Bruce. *Principles of Property Law*, 4th edition. Toronto: Thomson Carswell, 2006.

第 5 章

Anderson, Karen. *Little Book: Race and Resistance at Central High School*. Princeton: Princeton University Press, 2009.

"Brown v. Board of Education." http://en.wikipedia.org/w/index.php?title=Brown_v._Board_of_Education&oldid=304710401 (accessed on 28 July 2009).

Brown Foundation for Educational Equity, Excellence and Research. Brown v. Board of Education Myths v. Truths. http://Brownvboard.org/mythsandtruths/ (accessed on 3 June 2009).

Cottrol, Robert J., Raymond T. Diamond, and Leland B. Ware. *Brown v. Board of Education: Caste, Culture and the Constitution*. Lawrence, KS: The University Press of Kansas, 2003.

Harbaugh, William Henry. *Lawyer's Lawyer: The Life of John W. Davis*. New York: Oxford University Press, 1990.

Kluger, Richard. *Simple Justice: The History of Brown v. Board of Education and Black America's Struggle for Equality*. New York: Alfred A. Knopf, 1976.

Patterson, James T. *Brown v. Board of Education: A Civil Rights Milestone and Its Troubled Legacy*. New York: Oxford University Press, 2002.

Smithsonian National Museum of American History, Behring Center. "Separate is Not Equal: Brown v. Board of Education." http://americanhistory.si.edu/brown/index.html (accessed on 5 June 2009).

Telgen, Diane. *Brown v. Board of Education*. Detroit: Omnigraphics, Inc., 2005.

Wilkinson, J.Harvie III. *From Brown to Bakke: The Supreme Court and School Integration 1954-1978*. New York: Oxford University Press, 1979.

Wolters, Raymond. *The Burden of Brown: Thirty Years of School Desegregation*. Knoxville, TN: University of Tennessee Press, 1984.

第 6 章

Burns, Peter T. and Susan J. Lyons. *Donoghue v. Stevenson and the Modern Law of Negligence: The Paisley Papers: The Proceedings of the Paisley Conference on the Law of Negligence.* Vancouver: The Continuing Legal Education Society of British Columbia, 1991.

Council of Paisley. Paisley. http://paisley.org.uk (accessed on 15 June 2009).

Heuston, R. F. V. *Lives of the Lord Chancellors 1885-1940.* London: Oxford University Press, 1964.

Lewis, Geoffrey. *Lord Atkin.* Portland: Hart Publishing, 1999.

Oxford Dictionary of National Biography. Oxford: Oxford University Press, 2004.

Samuels, Alec. "James Richard Atkin, Lord Atkin of Aberdovey Tribute." *Cambrian Law Review* 25 (1994): 147-151.

Taylor, M. R. "The Good Neighbour on Trial: A Message from Scotland." *University of British Columbia Law Review* 17 (1983): 59-67.

The Paisley Snail. Dirs. David Hay, Martin Taylor and Chuck Garrows, 1996.

第 7 章

Butt, Peter and Robert Eagleson. *Mabo, Wik, & Native Title.* Sydney: The Federation Press, 1998.

Loos, Noel. *Edward Koiki Mabo: His Life and Struggle for Land Rights.* St. Lucia: University of Queensland Press, 2004.

Mabo: Life of an Island Man. Dir. Trevor Graham. Lindfield, NSW: Film Australia, 1997.

"Mabo v. Queensland (No. 1)." http://en.wikipedia.org/wiki/Mabo_v_Queensland_(No_1) (accessed on 26 June 2009).

Mabo: The Native Title Revolution Website. Screen Australia Digital Learning (n.d.). http://www.mabonativetitle.com/home.shtml (accessed on 23 July 2009).

Russell, Peter H. *Recognizing Aboriginal Title: The Mabo Case and Indigenous Resistance to English-Settler Colonialism.* Toronto: University of Toronto Press, 2005.

Sharp, Nonie. *No Ordinary Judgment: Mabo, the Murray Islander's land case.* Canberra: Aboriginal Studies Press, 1996.

第 8 章

Anderson, Roy Ryden. "Of Mack Trucks, Road Bugs, Gilmore and Danzig: Happy Birthday Hadley v. Baxendale Symposium: The Common Law of Contracts as a World Force in Two Ages of Revolution: Foreseeability and Damages." *Texas Wesleyan Law Review* 11 (2004-2005): 431-455.

Blumberg, Phillip I. "Limited Liability and Corporate Groups." *Journal of Corporation Law* 11 (1985-1986): 573-633.

Bryer, R.A. "The Mercantile Laws Commission of 1854 and the Political Economy of Limited Liability." *Economic History Review* 50.1 (1997): 37-56.

Conway-Jones, A. H. "The Warehouse of Gloucester Docks." *Gloucestershire Society for Industrial Archaeology Journal* (1977-1978): 13-19.

Conway-Jones, Hugh. "Gloucester Docks." April 2003. http://www.gloucesterdocks.me.uk/studies/pridaysmill.htm (accessed on 17 July 2009).

Cushman, Robert Frank and James J. Myers. *Construction Law Handbook.* New York: Aspen Law & Business, 2001.

Danzig, Richard. "Hadley v. Baxendale: A Study in the Industrialization of the Law." *Journal of Legal Studies* 4 (1975): 249-284.

European Route of Industrial Heritage. National Waterways Museum

226

and Gloucester Dock. http://www.erih.net/anchor-points/detail. html?user_erihobjects_pi2[showUid]=15249&cHash=aec0985a1e (accessed on 29 June 2009).

Faust, Florian. "Hadley v. Baxendale – An Understandable Miscarriage of Justice." *Journal of Legal History* 15.1 (1994): 41-72.

Fishman, James J. "Joseph Baxendale Symposium: The Common Law of Contracts as a World Force in Two Ages of Revolution: A Conference Celebrating the 150th Anniversary of Hadley v. Baxendale." *Texas Wesleyan Law Review* 11 (2004-2005): 249-253.

Gloucester City Council. Gloucester City Council Press Releases. 13 July 2007. http://www.gloucester.gov.uk/YourCouncil/PressOffice/ PressReleases/Archive2007/July2007/Pressrelease-130707-LegalPlaques.aspx (accessed on 28 June 2009).

——. Living Gloucester. http://www.livinggloucester.co.uk/ timeline/1700s-1900s (accessed on 30 June 2009).

Herbert, N. M. "Gloucester: Quay and Docks." British History Online, 1988. http://www.british-hisroty.ac.uk/report.aspx?compid=42306 (accessed on 18 July 2009).

Heuston, R. F. V. "James Shaw Willes Tribute." *Northern Ireland Legal Quarterly* 16.2 (1965): 193-215.

Kidwell, John. "Extending the Lessons of Hadley v. Baxendale." *Texas Wesleyan Law Review* 11 (2004-2005): 421-430.

McCamus, John D. *The Law of Contracts*. Toronto: Irwin Law, 2005.

Smiles, Samuel. *Thrift*. Whitefish, MT: Kessinger Publishing Company, 2007.

第 9 章

Baker, Liva. *Miranda: Crime, Law and Politics*. New York: Atheneum, 1983.

Caldwell, H. Mitchell and Michael Lief. "You Have The Right To

Remain Silent: The Strange Story Behind the Most Cited Case in American History." AmericanHeritage.com. http://www. americanheritage.com/articles/magazine/ah/2006/4/2006_4_48. shtml (accessed on 21 August 2009).

Howard Jr. Roscoe C. and Lisa A. Rich. "A History of Miranda and Why It Remains Vital Today." *Valparaiso University Law Review* 40, 2006.

Leo, Richard A. and George C. Thomas, eds. *The Miranda Debate: Law, Justice, and Policing.* Boston: Northeastern University Press, 1998.

Milner, Neak A. *The Court and Local Law Enforcement: The Impact of Miranda.* Beverly Hills, California: Sage Publications, Inc., 1971.

"Miranda v. Arizona." http://en.wikipedia.org/w/index.php? title=Miranda_v._Arizona&oldid=307879202 (accessed on 14 August 2009).

Weaver, Russell L. "Miranda at Forty." *San Diego Law Review* 44, 2007.

Weisselberg, Charles D. "Mourning Miranda." *California Law Review* 96.6 (Dec 2008): 1519-1601.

Stuart, Gary L. *Miranda: The Story of America's Right to Remain Silent.* Tucson, AZ: University of Arizona Press, 2008.

第 10 章

Cosgrove, Richard. *Our Lady the Common Law: An Anglo-American Legal Community 1870-1930.* New York: New York University Press, 1987.

Holmes, Oliver Wendell, Jr. *The Common Law.* Boston: Little, Brown and Company, 1881.

———. *Collected Legal Papers*, 270. Gloucester, MA: Peter Smith Publishers, Inc., 1990.

Keats, John. *Endymion.* 1818.

Omychund v. Barker (1744), 26 Eng. Rep. 15.